Vanessa Schneider

Neue Medien als Mittel der Unternehmenskommunikation

Möglichkeiten der kommerziellen Nutzung sozialer Netzwerke für Unternehmen

Diplomica Verlag GmbH

Schneider, Vanessa: Neue Medien als Mittel der Unternehmenskommunikation: Möglichkeiten der kommerziellen Nutzung sozialer Netzwerke für Unternehmen. Hamburg, Diplomica Verlag GmbH 2014

Buch-ISBN: 978-3-8428-9085-5
PDF-eBook-ISBN: 978-3-8428-4085-0
Druck/Herstellung: Diplomica® Verlag GmbH, Hamburg, 2014

Bibliografische Information der Deutschen Nationalbibliothek:
Die Deutsche Nationalbibliothek verzeichnet diese Publikation in der Deutschen Nationalbibliografie; detaillierte bibliografische Daten sind im Internet über http://dnb.d-nb.de abrufbar.

© Diplomica Verlag GmbH
Hermannstal 119k, 22119 Hamburg
http://www.diplomica-verlag.de, Hamburg 2014
Printed in Germany

Inhaltsverzeichnis

III

Abkürzungsverzeichnis

CI   Corporate Identity

CSR   Corporate Social Responsibility

PR   Public Relations

USP   Unique Selling Proposition

Abbildungsverzeichnis

Tabellenverzeichnis

1 Einführung in die Arbeit

Die Beziehungen der Menschen untereinander waren schon immer von großer Bedeutung. Jeder von ihnen lebt in einer Verflechtung verschiedenster Beziehungen wie z.b. Verwandtschaft, Freundschaft und Bekanntschaft.[1] Durch den Paradigmenwechsel und die damit verbundene Veränderung der Gesellschaft hinsichtlich des technischen Fortschritts, ist es für Unternehmen in der heutigen Zeit unabdingbar, sich mit den neuen Medien zu beschäftigen. Durch die zunehmende Internationalisierung wird es für Unternehmen immer wichtiger, sich dem Mediennutzungsverhalten anzupassen. Es gilt, die neuen Kommunikationsmittel schnellstmöglich zu nutzen, um so neue Märkte zu erschließen.

1.1 Problemstellung und -abgrenzung

Aufgrund der großen Interaktion der sozialen Netzwerke im Internet, befassen sich viele wissenschaftliche Bereiche mit diesem Thema. Viele Unternehmen haben das Problem, dass sie diese neuen Kanäle und deren Potentiale noch nicht richtig einschätzen können. Es fehlen geeignete Konzepte, um die Nutzer für das Unternehmen zu begeistern. Daher bietet dieses Thema auch einen sehr gegenwartsnahen Untersuchungsgegenstand.[2]

Die zentrale Frage dieser Arbeit ist, ob soziale Netzwerke für Unternehmen eine Chance darstellen können. Es soll geprüft werden, ob Unternehmen mithilfe dieser neuen Technik einen Nutzen generieren können. Weiterhin soll dieser Nutzen den anfallenden Kosten gegenübergestellt werden, um so zu prüfen, ob sich für die Unternehmen daraus ein rentables Geschäft erschließen lässt. Lassen sich die sozialen Netzwerke gewinnbringend in Unternehmen anwenden, so bietet dies eine langfristige Chance für das Unternehmen. Diese Arbeit soll durch die Verwendung empirischer Untersuchungen in Form einer Umfrage, eines Vergleichs, sowie eines Experteninterviews die Möglichkeiten der sozialen Netzwerke aufzeigen. Weiterhin soll sie die Potentiale sowie die Gefahren in diesem Bereich einschätzen. Nur wenn Unternehmen diese kennen, können sie ihre Aktivitäten in sozialen Netzwerken zielgruppenorientiert umsetzen.

---

[1] Vgl. Häusler, S., 2009, S. 1.
[2] Vgl. ebd, S. 1.

1

1.2 Zielsetzung der Arbeit

Ziel dieses Buches ist es, die Möglichkeiten der kommerziellen Nutzung sozialer Netzwerke, speziell Facebook, für Unternehmen aufzuzeigen. Es soll herausgefunden werden, ob Unternehmen durch die Präsenz in sozialen Netzwerken einen Mehrwert generieren können.

1.3 Gang der Untersuchung

Die vorliegende Arbeit besteht aus sieben Teilen. Die Einleitung, der erste Teil dieser Arbeit, konfrontiert den Leser mit dem aktuellen Problem der Unternehmen im Zusammenhang mit sozialen Netzwerken. Außerdem beschreibt dieser Teil das Ziel, welches mit dieser Arbeit erreicht werden soll und schildert die weitere Vorgehensweise. Der zweite Teil dieser Arbeit stellt die Kommunikation im Internet genauer dar. Darauf folgt der dritte Teil, welcher die sozialen Netzwerke und deren Erscheinungsformen definiert. Der vierte Teil besteht aus drei verschiedenen empirischen Untersuchungen, welche auf mehrere Weisen die aktuellen Facebook-Aktivitäten von Unternehmen auswerten. Der fünfte Teil dieser Ausarbeitung zeigt die Chancen und Risiken auf, die sozialen Netzwerke für Unternehmen haben. Unter Punkt sechs werden Handlungsempfehlungen sowie ein geeignetes Konzept entwickelt, mit welchem sich Unternehmen im Bereich der sozialen Netzwerke aufstellen können. Das Fazit, der siebte Teil, schließt mit einer Zukunftsperspektive im Bereich der sozialen Netzwerke und einem geeigneten Lösungsvorschlag ab.

2 Kommunikation im Internet

Die Kommunikation im Internet unterscheidet sich durch den Wegfall der nonverbalen Kommunikationselemente sehr von der Kommunikation anderer Kanäle. Dadurch, dass weder Mimik noch Gestik vermittelt werden können, entstehen häufig Missverständnisse. Um diesen vorbeugen zu können, werden „Emoticons" wie beispielsweise Smileys (☺ fröhlich; ☹ traurig usw.) verwendet. Diese sollen die Mimik und Gestik ersetzen. Auch so genannte Soundwörter („hihihi" – man findet etwas lustig; „mhhh"- man überlegt) oder Aktionswörter (*lach*; *grins*), welche in der Regel selbsterklärend sind, helfen dabei, Emotionen zu vermitteln. Die Kommunikation im Internet ist interaktiv, vernetzt und multimedial. Ähnliche Eigenschaften zeigen auch andere Medien wie z.B. das Fernsehen auf, allerdings stehen diese in keinem Verhältnis zum Internet.[3] Bei der Kommunikation im Internet gibt es bei der Informationsvermittlung nur sehr geringe Streuverluste. Außerdem ist eine genaue Ansprache an die gewünschte Zielgruppe möglich, da auf die Kunden sehr individuell eingegangen werden kann. Somit verbessert sich gleichzeitig die Kundenbeziehung.[4] Aus den oben genannten Aspekten ist die Kommunikation im Internet ein sehr wichtiger Bestandteil des Marketings.

2.1 Weiterentwicklung des Internets

Die neue Online-Kommunikation bringt eine Veränderung in unsere Wirtschaft und Gesellschaft, indem sie immer schneller und emotionaler wird. Dieser vorherrschende Strukturwandel wird unter dem sehr umstrittenen Begriff „Web 2.0" zusammengefasst. Unter dem Begriff „Web 2.0" ist zu verstehen, wie die Nutzer im Web kommunizieren. Dabei wird zwischen den beiden Dimensionen „betrachtend und individuell kommunizierend", sowie „gestaltend und öffentlich kommunizierend" differenziert. Im Bereich des „Web 1.0" herrschte noch eine individuelle Kommunikation unter den Nutzern vor. Außerdem haben die Nutzer eher betrachtet und Informationen aufgenommen, als tatsächlich gestaltend agiert. Mit der Evolution

---

[3] Vgl. Häusler, S., 2009, S. 29.
[4] Vgl. Olbrich, R., 2006, S. 212.

des „Web 2.0" hat sich der Strukturwandel vollzogen. Die Nutzer kommunizieren öffentlich, und der Gestaltungsgrad nimmt mehr und mehr zu. [5]

2.2 Bedeutung der Medien als Kommunikationsinstrument

Die Bedeutung der Medien in der Gesellschaft nimmt rasant zu. In den neunziger Jahren war die Technologie des Internets noch so kompliziert, dass sie nur von sehr wenigen Personen genutzt wurde. Außerdem war auch die Leistung, gemessen an der Geschwindigkeit des Internets, sehr gering und stand zu den damals sehr hohen Kosten in keinem Verhältnis. Nach und nach wurden die Potenziale dieser Technologie erkannt und genutzt. Die Geschwindigkeit wurde immer schneller. Durch die wachsende Zahl der Nutzer konnten auch die Preise gesenkt werden. Da das Internet permanent zur Verfügung steht und die gespeicherten Daten zu jeder Zeit abrufbar sind, ist das Internet heute nicht mehr nur Hilfsmittel zur reinen Informationsweitergabe, sondern auch zum Kommunikationsmedium geworden.[6] Die Interaktivität des Internets steht in diesem Jahrhundert im Vordergrund. Es ist eine Weiterentwicklung der Technologie, die Bild, Ton und Schrift miteinander verknüpft und innerhalb weniger Sekunden in den medialen Netzwerken global verbreitet. Bereiche des Fernsehens, des Hörfunks aber auch der Printmedien werden unter der rasanten Verbreitung des Internets leiden.[7] Dies ist dadurch zu begründen, dass die Konsumenten im Internet ihre eigenen individuellen Entscheidungen treffen können. Bei den anderen Medien ist das in dieser Form nicht möglich. Dort können die Konsumenten nur zwischen verschiedenen Kanälen wählen. Im Internet hingegen können sie ganz spezifisch nach den für sie relevanten Themen suchen und diese kommentieren. Diese Interaktion der Nutzer bietet den Unternehmen eine ganz neue Möglichkeit, nach außen zu kommunizieren. Sie können durch dieses Medium einen direkten Kundenkontakt herstellen.

2.3 Virale Effekte im Internet

Durch die Kommunikation in den sozialen Netzwerken ist es sehr schwer, an potentielle Neukunden heranzukommen. Viele Unternehmen machen die Erfahrung,

---

[5] Vgl. Mörl, C./Groß, M., 2008, S. 20.
[6] Vgl. ebd., S. 15.
[7] Vgl. Mörl, C./Groß, M., 2008, S. 15.

dass sich das Engagement dennoch als nützlich erweist, da die Kundenbindung der Bestandskunden erhöht wird. Diese Bestandskunden sind es dann oft, die eine Mundpropaganda betreiben. Sie geben Bewertungen und Empfehlungen über die Unternehmen ab, welche dann im Netz diskutiert werden.[8]

Das virale Marketing, welches auch als Königsdisziplin des Social Media Marketing bezeichnet wird, spielt eine große Rolle in der Kommunikation zwischen einem Unternehmen und dessen Kunden. Unter viralem Marketing wird ein sogenanntes Schneeballsystem verstanden. Dies ist dann gegeben, wenn ein Nutzer ein Thema über ein Unternehmen mit seinen Freunden teilt und diese dann den Inhalt wieder an Ihre Freunde weitergeben.[9] So haben die Unternehmen die Chance, ihre Anliegen in kürzester Zeit an eine große Zahl von Nutzern weiterzugeben. Zudem hat dies den Vorteil, dass die Nutzer ab der zweiten Ebene sehen, dass bereits ein Freund von ihnen diesen Beitrag mit „gefällt mir" bewertet hat. Dies macht den Beitrag dann wesentlich interessanter, als ein direkter Beitrag vom Unternehmen. Im Folgenden wird dieses Schneeballsystem des viralen Marketings grafisch dargestellt.

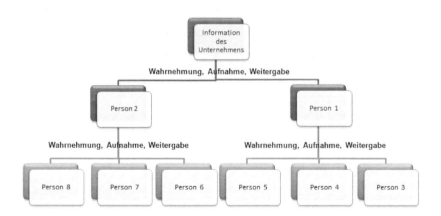

Abbildung 1: Virales Marketing[10]

---

[8] Vgl. Heymann-Reder, D., 2011, S. 22.
[9] Vgl. ebd. S. 31.
[10] Eigene Darstellung.

Dieses Schaubild zeigt den Ablauf des viralen Marketings. Die Information des Unternehmens ist im roten Feld zu sehen. Die Personen, die direkt mit dem Unternehmen in Verbindung stehen, hier lila gekennzeichnet, erhalten die Unternehmensinformation. Zudem geben sie die Information wieder an ihre Freunde, die im Schaubild blau dargestellt sind, weiter. Diese Darstellung verdeutlicht nur im Ansatz, welche Ausmaße die Verbreitung von Inhalten im Internet annehmen kann. Die Zeitspanne ist in der Grafik nicht berücksichtigt, da sie je nach Inhalt abweichen kann. Allerdings ist zu sagen, dass die Kommunikation im Internet heute in Echtzeit abläuft. Somit werden die Inhalte innerhalb von Sekunden verbreitet. Dies gilt für besonders positive aber noch viel mehr für negative Informationen.[11]

2.4 Veränderungen im Mediennutzungsverhalten

Die Veränderungen im Mediennutzungsverhalten spielen für soziale Netzwerke eine sehr große Rolle. Nach der Trendstudie „Mediennutzungsverhalten in der Web-Gesellschaft 2018" die an der FH Mainz von *Prof. Dr. Lothar Rolke* und *Johanna Höhn* durchgeführt wurde, ist das Internet derzeit viel weiter entwickelt, als von vielen Experten erwartet. Der Mainzer Professor sieht daher einen Paradigmenwechsel im Bereich der Unternehmenskommunikation aber auch in der Werbung auf uns zu kommen. Dies begründet er dadurch, dass alle Personen unter 60 Jahren sich bereits regelmäßig mit dem Internet beschäftigen. Er war über das Tempo des Fortschritts und auch wie fakultativ die jüngeren Menschen das Internet nutzen erstaunt. Auch die Lernbereitschaft der Altersgruppen 35-50 Jahre hat ihn überrascht. Bei einer Vergleichsbefragung, die *Professor Rolke* durchführte, kam er zu dem Ergebnis, dass die Nutzung des Internets die Medien Fernsehen, Hörfunk, und Print um das Dreifache überholt. Alle Altersklassen fühlen sich durch das Internet gut informiert. Außerdem schätzen sie die Unterhaltungsmöglichkeiten dieser neuen Medien. Weiterhin ist es für viele Nutzer von Vorteil, dass sie innerhalb weniger Sekunden vom Informationsbereich in den Unterhaltungsbereich und eventuell auch wieder zurück wechseln können. Auch die Kaufentscheidungen der Konsumenten liegen heute zum Großteil in der Hand des Worldwideweb. 70% aller

---

[11] Vgl. Hefner 2009, S. 1.

Konsumenten informieren sich im Internet über ein Produkt, bevor sie es erwerben. Mittlerweile sind den Konsumenten die Internetbewertungen von Experten sogar wichtiger geworden, als Empfehlungen aus dem Verwandten- oder Freundeskreis. Damit die herkömmlichen Medien ihre Zielgruppe nicht ganz verlieren, müssen sie ihren Kunden einen Vorteil bieten. So sollte laut *Professor Rolke* ein Zeitungsleser mehr vom Internet profitieren, als jemand der keine Zeitung liest.[12] Diese Verknüpfung stellt zurzeit die größte Problematik für die herkömmlichen Medien dar. Es ist schwierig, seinen Kunden einen Mehrwert durch das Internet zu bieten. Die Printmedien könnten jedoch ein Kennwort abdrucken, welches es den Lesern ermöglicht, online eine Bilderreihe einzusehen, die der Online-Nutzer nicht ansehen kann. So wäre für die Leser der Zeitung ein Mehrwert geschaffen, der die Leser der Online-Ausgabe nicht genießen dürfen.

3 Soziale Netzwerke

In der Literatur gibt es keine einheitliche Definition des Begriffes „soziale Netzwerke". Da sich viele verschiedene wissenschaftliche Bereiche, wie z.B. die Psychologie, die Kommunikationswissenschaft, die Ökonomie usw., mit dem Thema der sozialen Netzwerke beschäftigen, gibt es viele verschiedene Ansichten einer Definition. Im Allgemeinen wird ein soziales Netzwerk aber immer als eine Gruppe bezeichnet, die aus verschiedensten Gründen, wie beispielsweise den gleichen Interessen, in einer Beziehung zueinander steht. Auf die Social Media Plattformen bezogen, wird die Online-Interaktion von Nutzern verstanden, die sich anhand von Bildern, Videos oder Nachrichten austauschen. [13] Diese Nutzer kennen sich in der Realität nicht immer persönlich. Auf den Social Media Plattformen werden oft Interessensgruppen von Personen gebildet, die sich noch nie zuvor gesehen haben. Dies kann z.B. der Fall sein, wenn die Nutzer alle den gleichen Sänger mögen. Dann bilden sie gemeinsam eine Gruppe, in der dieser Sänger im Mittelpunkt des Interesses steht. Die Mitglieder dieser Gruppe haben so die Möglichkeit, Informationen auszutauschen und sich gegenseitig mit Bildern usw. zu versorgen.

---

[12] Vgl. Rolke 2008, o. S.
[13] Vgl. Heymann-Reder, D., 211, S. 258.

Die Mischung aus Anonymität und Öffentlichkeit ist oft ein großer Reiz für Nutzer sozialer Netzwerke im Internet.[14] Sie haben hier die Möglichkeit, private Themen mit fremden Menschen, zu besprechen. Es bietet aber auch die Option, Personen die einem nahe stehen und tausende von Kilometern entfernt sind, am eigenen Leben teilhaben zu lassen. Durch die Interaktion der sozialen Netzwerke im Internet können zwischenmenschliche Beziehungen gefördert und Kontakte leichter aufrechterhalten werden. Speziell auf Social Media Plattformen wird somit ein ganz neues Niveau der Kommunikation im Netz generiert.

3.1 Darstellung der Besonderheit der Netzwerke im Internet

Die Netzwerke im Internet werden oft auch als virtuelle Netzwerke, Plattformen, Network Services oder Communities bezeichnet. Sie stellen eine neue Möglichkeit der Kontaktpflege dar. Zusätzlich zu einem reinen Informationsaustausch kommt der Wechsel von Bildern, Videos und Links. Die Netzwerke im Internet lassen sich in zwei Arten unterscheiden. Zum einen gibt es die sozialen Netzwerke, welche auf private Zwecke ausgerichtet sind. Zum anderen gibt es Business Netzwerke, die Kontakte unter Geschäftspartnern aufrechterhalten sollen. Die sozialen Netzwerke stellen die am schnellsten wachsende Kommunikationsplattform dar.[15]

3.1.1 Maslowsche Bedürfnispyramide

Die bekannteste Bedürfnispyramide ist die von *Maslow* (1954). *Maslow* beschreibt mit dieser Pyramide das Verhalten menschlicher Bedürfnisse. In der folgenden Abbildung werden die fünf Stufen der Pyramide genauer dargestellt.

---

[14] Vgl. Kilian, T., Langer, S., 2010, S. 19.
[15] Vgl. Bruhn, M., 2011, S. 1090.

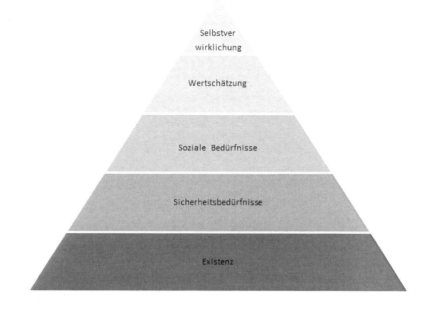

Abbildung 2: *Maslowsche* Bedürfnispyramide[16]

In der ersten Stufe steht die Existenz. Existenzielle Bedürfnisse sind für das Über-leben notwendig, wie z.B. Nahrung, Fortpflanzung, Wärme. Darauf folgen in der zweiten Stufe die Sicherheitsbedürfnisse. Diese umfassen ein sicheres Einkom-men sowie ein eigenes Zuhause. Die dritte Ebene der Pyramide beschäftigt sich mit den sozialen Bedürfnissen wie Kommunikation, Freundschaft, Partnerschaft. Die Wertschätzung stellt die vierte Stufe dar und beinhaltet die Bedürfnisse nach Freiheit, Anerkennung und Unabhängigkeit. Die fünfte und letzte Stufe der *maslowschen* Bedürfnispyramide ist die Selbstverwirklichung. Unter Selbstverwirk-lichung ist die Individualität des Menschen sowie die Güte und Gleichberechtigung zu verstehen.

---

[16] In Anlehnung an Kroeber-Riel, W./Weinberg, P./Gröppel-Klein, A. 2009, S. 171.

Der Mensch versucht seine Bedürfnisse genau nach diesen Stufen zu befriedigen. Wenn er alle Bedürfnisse einer Stufe als erfüllt ansieht, sehnt er sich nach weiteren Bedürfnissen, der nächsten Stufe. So bewegt er sich im Laufe seines Lebens immer weiter nach oben.[17]

Die sozialen Netzwerke befriedigen die dritte Stufe der Bedürfnispyramide, die sozialen Bedürfnisse. Sie stellen eine neue Form der Kommunikation dar, welche hilft, Freundschaften und Partnerschaften zu pflegen. Zusätzlich wird gelegentlich auch die Wertschätzung der vierten Stufe befriedigt.

3.1.2 Effekt der Reputation

Unter Reputation wird das Ansehen oder der gute Ruf eines Unternehmens verstanden. Hierbei handelt es sich um nicht materielle und somit schwer bewertbare Vermögensgegenstände eines Unternehmens. Die Reputation kann durch Erfahrungen oder auch durch die Kommunikation des Unternehmens nach außen entstanden sein. Sie kann aber auch durch die Meinung anderer geprägt worden sein.[18] Daher ist es für Unternehmen sehr wichtig, eine Unternehmensreputation aufzubauen, um langfristig von dieser zu profitieren. Zum Aufbau der Unternehmensreputation müssen die Unternehmen ihre Interessensgruppen genau kennen, da diese den Unternehmenserfolg stark beeinflussen können. Zu diesen Interessensgruppen gehören beispielsweise Mitarbeiter, Kunden, Lieferanten, Investoren, Journalisten usw. Grundlage für eine gute Reputation ist ein Vertrauensverhältnis zu jeder dieser Interessensgruppen. Der Aufbau eines Vertrauensverhältnisses zwischen dem Unternehmen und seinen Interessensgruppen dauert in der Regel mehrere Jahre. Anschließend muss es dauerhaft gepflegt werden, da ein negatives Ereignis dieses Vertrauensverhältnis schnell zunichtemachen kann. Gelingt es dem Unternehmen, die Interessensgruppen genau zu definieren und regelmäßig zu überwachen, besteht die Chance, sich durch den Effekt der Reputation einen enormen Wettbewerbsvorteil aufzubauen. So gelingt es den Unternehmen mit einer guten Reputation z.B. höhere Preise durchzusetzen, neue Innovationen auf den Märkten zu platzieren, qualifizierte Mitarbeiter für das Unternehmen zu gewinnen und auch günstiger an Kapital zu kommen. All das ist bei steigendem Wettbe-

---

[17] Vgl. Kroeber-Riel, W./Weinberg, P./Gröppel-Klein, A., 2009, S. 171.
[18] Vgl. Hermann/Siems 2008, S.1

werb von großer Bedeutung für die Unternehmen. Daher ist das Reputationsmanagement oft in der Führungsebene angesiedelt. Aktuell führen viele Unternehmen eine Corporate Social Responsibility ein. Dieses CSR System hat sich zum Ziel gesetzt, soziale wie auch ökologische Gesichtspunkte im Unternehmensprozess zu berücksichtigen.[19] Diese könnten beispielsweise die Umstellung der Firmenwagen von Benzin auf Erdgas sein. Auch eine Produktion unter humanen Verhältnissen und gerechter Entlohnung trägt zu einer guten Reputation bei.

3.2 Erscheinungsformen sozialer Netzwerke im Internet

Es gibt verschiedene Formen sozialer Netzwerke im Internet. Generell sind die sozialen Netzwerke eine Unterart von Social Media. Diese Unterart wird noch weiter differenziert.[20] Meist sind die einzelnen sozialen Netzwerke hinsichtlich ihrer Grundfunktionen zu unterscheiden. Die folgende Abbildung zeigt die Top 20 der sozialen Netzwerke in Deutschland im Dezember 2011.

---

[19] Vgl. Hermann/Siems 2008, S. 1.
[20] Vgl. Heymann-Reder, D., 2011, S. 257.

11

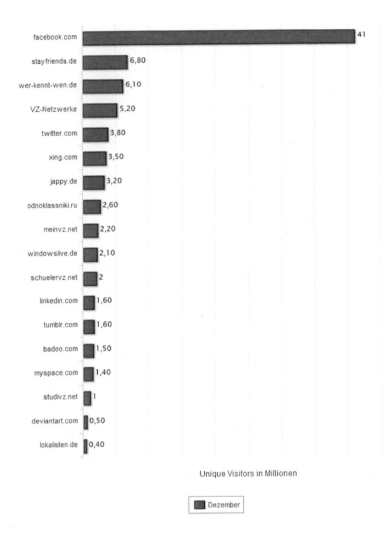

facebook.com — 41
stayfriends.de — 6,80
wer-kennt-wen.de — 6,10
VZ-Netzwerke — 5,20
twitter.com — 3,80
xing.com — 3,50
jappy.de — 3,20
odnoklassniki.ru — 2,60
meinvz.net — 2,20
windowslive.de — 2,10
schuelervz.net — 2
linkedin.com — 1,60
tumblr.com — 1,60
badoo.com — 1,50
myspace.com — 1,40
studivz.net — 1
deviantart.com — 0,50
lokalisten.de — 0,40

Unique Visitors in Millionen

■ Dezember

Abbildung 3: Top 20 der sozialen Netzwerke in Deutschland[21]

[21] Statista online, 2011c, o. S.

Die Darstellung zeigt den deutlichen Vorsprung von Facebook gegenüber den anderen sozialen Netzwerken in Deutschland. Aus diesem Grund wurde Facebook, beispielhaft für alle sozialen Netzwerke, zur Grundlage dieser Ausarbeitung herangezogen und wird an späterer Stelle genauer erläutert.

Platz zwei der Top 20 belegt die Kontaktplattform Stayfriends. Diese Plattform hat sich darauf spezialisiert, alte Schulfreunde wieder zusammenzuführen.[22] Allerdings haben Stayfriends wie auch die nachfolgenden Plattformen den Kampf gegen Facebook bereits verloren. Der dritte Platz der sozialen Netzwerke in Deutschland wird von wer-kennt-wen belegt. Auch diese Kontaktplattform zielt auf den Austausch privater Interessen ab. Nach Auswertungen der EU-Initiative Klicksafe, welche im August 2010 durchgeführt wurden, ist bei wer-kennt-wen eine beträchtliche Familienvernetzungen zu erkennen. Durch diese familiäre Bindung lässt sich erklären, warum wer-kennt-wen viel weniger Nutzer an Facebook verliert, als beispielsweise die VZ-Netzwerke. Der vierte Platz wird von den VZ-Netzwerken belegt. Diese beinhalten StudiVZ, SchülerVZ sowie MeinVZ. StudiVZ ist dem Namen entsprechend für Studenten ausgelegt. Diese können sich hier über Prüfungen, Hochschulen, Dozenten usw. austauschen. Auch SchülerVZ hat diese Aufgabe, ist aber etwas abgewandelt und auf eine jüngere Zielgruppe angepasst. MeinVZ deckt die restlichen Nutzer ab, die in keine der ersten beiden Kategorien fallen. Es ist allerdings ein deutlicher Abwärtstrend der VZ-Netzwerke zu erkennen. Die VZ-Netzwerke verlieren immer mehr Nutzer an Facebook.[23] Der Microblogging-Dienst Twitter belegt den fünften Rang der sozialen Netzwerke. Dieser Dienst ermöglicht dem Nutzer eine Kommunikation über Mini-Blogbeiträge, welche als Tweets bezeichnet werden. Diese Tweets umfassen maximal 140 Zeichen.[24] Xing belegt den sechsten Platz der aktuellsten Rangliste. Diese Plattform hat sich auf den Informationsaustausch zwischen Geschäftspartnern spezialisiert und stellt mit 3,5 Millionen aktiven Besuchern das größte Netzwerk im geschäftlichen Bereich dar.[25] Weiter folgen die Netzwerke Jappy, Odnoklassniki und Windows Live Profile. Diese Netzwerke haben deutschlandweit zwischen 2,1 und 3,2 Millionen Nutzer.

---

[22] Vgl. Heymann-Reder, D., 2011, S. 125.
[23] Vgl. ebd., S. 125.
[24] Vgl. ebd., S. 127.
[25] Vgl. ebd., S. 184.

Alle weiteren sozialen Netzwerke liegen unter 2 Millionen Nutzer und zielen damit auf nur ganz spezielle Zielgruppen und weniger auf die Allgemeinheit ab.

3.3 Social Commerce

Unter Social Commerce versteht man den Produktverkauf über soziale Netzwerke. Der Begriff F-Commerce grenzt den Verkauf auf die Kontaktplattform Facebook ein. Dieser neue Trend aus Amerika verbreitet sich derzeit auch in Europa.[26] Social Commerce stellt für Unternehmen erstmals einen erkennbaren Return on Investment dar. Sie können über diese Plattform Ware vertreiben und damit Erträge erzielen. Durch diesen neuen Trend werden die Social-Media-Kanäle wesentlich interessanter für Unternehmen, da sie so ein positives Kosten-Nutzen Verhältnis schaffen können.

Die Firma *Otto* hat inzwischen erste Versuche im Bereich F-Commerce gewagt. Ende letzten Jahres ging *Otto* mit einer App, welche Facebook mit Augmented Reality verbindet, auf den Markt. Augmented Reality ist eine der neuesten Technologien im Bereich erweiterter Realität. Diese neue Facebook-App soll es den *Otto*-Fans auf Facebook ermöglichen, Kleidung virtuell anzuprobieren. Durch die Webcam ist es mit diesem Programm möglich, eine Silhouette der eigenen Person zu erstellen. Der Kunde kann dieser Silhouette, durch wenige Mausklicks, Kleidungsstücke anziehen. Es ist durch eine „Mix und Match" Funktion möglich, die verschiedensten Outfits nach Belieben zu kombinieren. Die erstellten Bilder, auf welchen sozusagen der Konsument das Kleidungsstück trägt, können auch auf Facebook gepostet werden. Der Kunde hat so die Möglichkeit, Freunde nach deren Meinung bezüglich des Produktes zu befragen. Diese sozialen Effekte, sind ganz neue Methoden im Bereich E-Commerce. Das Unternehmen profitiert bei den Posts der Bilder von dem Schneeballeffekt des viralen Marketings. Diese neue Option des F-Commerce steckt noch in den Anfängen. Sie weist neben einigen technischen Problemen noch ein sehr schmales Produktsortiment auf. Dennoch hat F-Commerce ein sehr großes Potenzial, dem traditionellen Handel Konkurrenz

---

[26] Vgl. Schmidt 2011, o. S.

zu bieten.[27] Das folgende Schaubild zeigt eine Perspektive, wie sich der Handel innerhalb sozialer Netzwerke in den nächsten fünf Jahren entwickeln könnte.

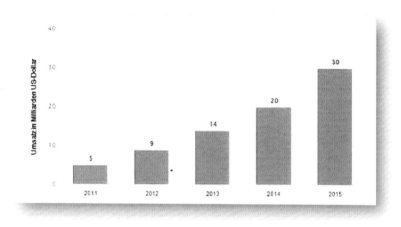

Abbildung 4: Prognose der Umsätze im Social-Commerce weltweit von 2011 bis 2015[28]

Die Grafik zeigt eine Prognose der Umsätze, welche mit dem Verkauf von Waren und Dienstleistungen über soziale Netzwerke von 2011 bis 2015 erzielt werden könnten. Es ist zu sehen, dass die Umsätze bis 2014 jedes Jahr um ca. 5 Milliarden US-Dollar ansteigen. Im Jahr 2015 wird sogar ein Zuwachs von 10 Milliarden US-Dollar erwartet. Bei dieser Prognose und dem Zuwachs des Social-Commerce um ein dreifaches, sollten die Unternehmen sofort handeln, um von dem zeitlichen Vorsprung zu profitieren.

3.4 Ziele von Aktivitäten in sozialen Netzwerken im Internet

Die Unternehmen verfolgen mit ihrer Aktivität in sozialen Netzwerken verschiedene Ziele. Die folgende Statistik zeigt, welche Ziele deutsche Unternehmen mit ihrem Auftritt in sozialen Netzwerken verfolgen und inwieweit sie diese Ziele bisher erreicht haben. Die Abbildung stellt die Bedeutung der Ziele von eins „keine Be-

---

[27] Vgl. Hedemann 2011, o. S.
[28] Statista online, 2011b, o. S.

deutung" bis fünf „sehr große Bedeutung" dar. Hinsichtlich der Zielerreichung erstreckt sich die Skala von eins „kein erreichtes Ziel" bis fünf „komplette Zielerreichung".

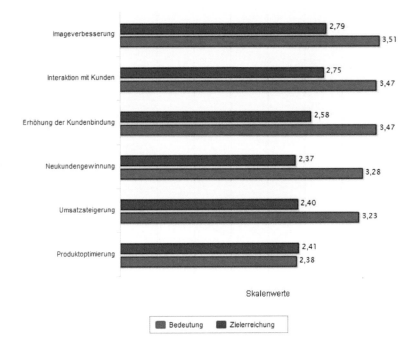

Abbildung 5: Welche Ziele verfolgen Sie mit Ihren Social Media Aktivitäten? Inwieweit haben Sie dieses Ziel bereits erreicht?[29]

Nachfolgend werden die spezifischen Ziele des obigen Schaubilds, welche die Unternehmen mit ihren Aktivitäten in sozialen Netzwerken verfolgen, genauer erörtert. Grundsätzlich nehmen die Aktivitäten in sozialen Netzwerken eher Einfluss auf die psychologischen Unternehmensabsichten, als auf die ökonomischen Ziele eines Unternehmens. Im Vergleich zur klassischen Kommunikation ist die direkte Kommunikation mit den Kunden der bedeutendste Vorteil der sozialen

---

[29] Statista online, 2011a, o. S.

Netzwerke. In der gängigen Fachliteratur, wie z.B. im Werk Social Media als Bestandteil des Online-Marketing-Mix von *Anne Behrens*, wird immer wieder darauf verwiesen, wie wichtig es für Produktmarken ist, sich als eine Persönlichkeit zu präsentieren. Genau diese Persönlichkeit kann über soziale Netzwerke vermittelt werden. Hier haben Unternehmen die Möglichkeit, sich wie „normale" Akteure zu präsentieren und den Kunden auf gleicher Ebene zu begegnen.[30]

3.4.1 Imageverbesserung

Die Marketingtheorie besagt, dass sich ein Unternehmen ein Soll-Image erstellt, indem es sich selbst beschreibt und seine Identität definiert. Dies kann durch Verhaltensregeln oder durch Zieldefinitionen geschehen. Aus diesem Soll-Image lässt sich ein Leitbild des Unternehmens ableiten, welches durch Kommunikation nach außen getragen wird. Wenn das Unternehmensleitbild mit der wahrgenommenen Leistung übereinstimmt, besteht die Chance, dass die Zielgruppen dieses Image verinnerlichen. Den Eindruck, den Anspruchsgruppen vom Unternehmen haben, wird laut Behrens als Fremdbild bezeichnet. Dieser Prozess, der die Transformation vom Erscheinungsbild des Unternehmens aus der allgemeinen in die spezielle Wahrnehmung beschreibt, wird auch als Top-Down-Prozess beschrieben. Im Bereich der sozialen Netzwerke kann sich ein Top-Down-Prozess, aufgrund der wechselseitigen Kommunikation allerdings auch zu einem Bottom-Up-Prozess verwandeln. Dies ist dann der Fall, wenn sich bei den Kunden aufgrund eines negativen Einzelfalls ein negatives Image manifestiert.[31] Somit können soziale Netzwerke schnell zu einem sehr verwundbaren Punkt für die Unternehmen werden. Deshalb muss die Kommunikation bestmöglich gesteuert werden. Je positiver und überzeugender ein Unternehmen von den Nutzern wahrgenommen wird, desto besser ist auch die Reputation.

3.4.2 Interaktion mit Kunden

Kein anderes Medium bietet derzeit bessere Möglichkeiten der Kommunikation als soziale Netzwerke. Der Kunde kann auf der Unternehmensseite interaktiv werden und die vorhandenen Inhalte beeinflussen. Unternehmen haben dadurch die Opti-

---

[30] Vgl. Behrens, A., 2010, S. 19ff.
[31] Vgl. ebd., S. 21ff.

on, gezielt einen direkten Kundendialog aufzubauen. Wie wichtig dieses Ziel in der Kommunikation über soziale Netzwerke ist, zeigt sich am Beispiel der für das Experteninterview gewählten Firma. Diese hat sich den direkten Kundendialog zum wichtigsten Ziel ihrer Facebook-Kommunikation gemacht.[32]

3.4.3 Kundenbindung

Die Kundenbindung ist als einer der wichtigsten Bestandteile der Verkaufsförderung zu sehen. Da im Zeitalter der Globalisierung und des Internets die Konkurrenz immer größer wird, gewinnt die Kundenbindung noch mehr an Bedeutung. Die Unternehmen müssen sich bewusst sein, dass die Kunden oft mit nur einem Mausklick den Anbieter wechseln können. Aus diesem Grund müssen die wahrgenommenen Leistungen den Konsumentenwünschen entsprechen.[33] Diese Pflege des bestehenden Kundenstamms ist eines der Ziele sozialer Netzwerke. Hier können Kunden begeistert und dadurch auch an das Unternehmen gebunden werden. Den Kunden das Gefühl vermittelt, am Unternehmen teilhaben zu können.

3.4.4 Erhöhung des Bekanntheitsgrades

In sozialen Netzwerken ist es möglich, den Bekanntheitsgrad eines Unternehmens sehr schnell zu erhöhen. Durch die viralen Effekte des Empfehlungsmarketings entsteht der Vorteil, dass die Nutzer auf gleicher Ebene kommunizieren. Dies wirkt viel glaubwürdiger, als wenn das Unternehmen nach außen kommuniziert.[34] Zusätzlich machen Unternehmen mit Gewinnspielen und speziellen Angeboten für Facebook-Nutzer auf sich aufmerksam. Durch den „gefällt mir"-Button und dessen viralen Effekt erfahren immer mehr Personen von diesen Aktionen und wollen daran teilhaben.[35] So steigt die Zahl der Fans an und die Reichweite der Kommentare erhöht sich.

3.4.5 Gewinnmaximierung

Das Ziel, das die Vertriebsabteilungen mit einer Präsenz in sozialen Netzwerken verfolgen, ist eine Umsatzsteigerung und eine damit verbundene Gewinnsteigerung. Der Umsatz soll durch den direkten Verkauf innerhalb sozialer Netzwerke

---

[32] Experteninterview 2012.
[33] Vgl. Kollmann, T., 2007, S. 209.
[34] Vgl. Behrens, A., 2010, S. 23.
[35] Vgl. Lembke, G., 2011, S. 83.

erhöht werden. Durch hohe Umsätze alleine ist noch keine Gewinnmaximierung sicher gestellt. Wenn es den Unternehmen jedoch langfristig gelingt, ihre Produkte über soziale Netzwerke zu verkaufen, können sie den Gewinn extrem erhöhen. Dies ist durch den Wegfall der stationären Filialen zu erklären. Dort fallen Fixkosten wie Miete, Strom usw. an, welche in einem Onlinevertrieb eingespart werden könnten. Auch die Personalkosten werden sinken, da durch das Empfehlungsmarketing weniger Verkaufs- und Beratungspersonal benötigt wird.

3.4.6 Produktoptimierung

Ein weiteres Ziel, welches Unternehmen mit der Aktivität in sozialen Netzwerken verfolgen, ist die Innovation neuer Produkte, so wie die Optimierung bereits bestehender Waren und Dienstleistungen. So ist beispielsweise *Daimler* auf der Plattform motortalk.de besonders gut untergebracht, da der Automobilkonzern hier detaillierte Rückinformationen zu bestimmten Modellen, Farben und Formen von seinen Fans bekommt.[36] Diese Informationen der Kundschaft sind in der Produktentwicklung von hohem Nutzen. Die Unternehmen haben dadurch die Möglichkeit, Änderungen an den Produkten, die noch nicht auf dem Markt sind, vorzunehmen. Die Produkte werden so während des Produktionsprozesses perfekt an die Bedürfnisse der künftigen Konsumenten angepasst.

3.5 Facebook

Täglich wird in den Nachrichten über diese Plattform und deren Aktionen berichtet. Aufgrund seiner Mitgliedsstärke und der regelmäßigen Aktivität der Nutzer ist dem sozialen Netzwerk Facebook bereits eine gesellschaftliche Wirkung nachzusagen. Dies ist dadurch zu erklären, dass Facebook zu den Treibern des veränderten Mediennutzungsverhaltens zählt.[37] Nicht bekannt ist, was Facebook mit seinen angesammelten Daten macht. Viele Nutzer stellen ihre Daten ohne weiteres Nachdenken ins Netz. Obwohl Millionen von Menschen täglich ihre Neuigkeiten und Bilder einstellen, ist es viel mehr, als ein Poesiealbum im Netz. Facebook ist zu einer der größten Kontaktplattformen geworden, in welcher die Nutzer täglich

---

[36] Vgl. Pfannenmüller, J., 2011, S. 54.
[37] Vgl. Lembke, G., 2011, S. 81.

massenweise Daten produzieren.[38] Aus diesem Grund ist diese Plattform sehr interessant für Unternehmen. Nirgendwo anders stellen die Konsumenten den Unternehmen bereitwilliger ihre Daten zur Verfügung. Das wesentliche Ziel der Nutzer ist die private Kommunikation. Das Ziel der Firma Facebook ist es, kostenlos an Milliarden von Daten zu kommen, um diese kommerziell nutzen zu können.

3.5.1 Entwicklung

Mark Zuckerberg entwickelte 2003 Facemash, das Vorgängermodell von Facebook, um in eine Studentenverbindung an der Harvard University in Cambridge, Massachusetts aufgenommen zu werden. Kurze Zeit später entwickelte er zusammen mit einigen Kommilitonen Facemash weiter zu Facebook. Zuckerberg wollte mit dieser Austauschplattform eine Art virtuelles Jahrbuch der Harvard-Studenten schaffen. Die Studenten sollten so miteinander vernetzt werden, dass sie über diese Plattform miteinander kommunizieren können. Doch Facebook erfreute sich großer Beliebtheit. Es verbreitete sich explosionsartig zunächst in Amerika und dann auf dem ganzen Erdball. Dieser gigantische Erfolg des Produkts Facebook ist dadurch zu erklären, dass es zum richtigen Zeitpunkt auf den Markt gebracht wurde. Zuckerberg hat den Wunsch der Menschen, sich öffentlich mitzuteilen und zu präsentieren, verstanden und versucht, ihn für Harvard umzusetzen. Facebook hat keinerlei Einschränkungen seiner Themengebiete. Lediglich sexistische wie auch kriminelle Veröffentlichungen sind untersagt.[39]

3.5.2 Zahlen, Daten und Fakten zu Facebook

Facebook ist, mit 812.145.160 Nutzern weltweit, das derzeit größte soziale Netzwerk im Internet. Die Kontaktplattform wird mittlerweile auf allen Kontinenten dieser Erde genutzt. Die folgende Abbildung zeigt die Rangliste der einzelnen Kontinente. Weiterhin ist die Nutzerzahl, sowie die dazugehörige Eindringtiefe ersichtlich.

---

[38] Vgl. Weyer, J., 2011, S. 6.
[39] Vgl. Erhardt, U., 2011, S. 6.

#	Continent	Users	Penetration
1.	Europe	226 451 180	27.90%
2.	North America	218 664 780	41.37%
3.	Asia	209 155 500	5.41%
4.	South America	106 363 880	26.82%
5.	Africa	38 169 060	4.09%
6.	Australia and Oceania	13 340 760	38.49%

Abbildung 6: List of countries on Facebook[40]

Das Schaubild zeigt, welch großen Stellenwert Facebook in Europa mittlerweile eingenommen hat. Mit 226.451.180 Nutzern hat Europa inzwischen sogar Nordamerika überholt und steht an erster Stelle der Weltrangliste.[41] In Deutschland liegt die Zahl der Facebook Nutzer aktuell bei 22.600.660 und nimmt kontinuierlich zu.[42] Diese Erfolgsgeschichte des sozialen Netzwerks hätte vor einigen Jahren noch niemand erwartet. Mittlerweile ist Facebook für jeden zweiten Nutzer eine Anlaufstelle geworden, auf der er sich Tag für Tag über die neuesten Geschehnisse informiert.[43] Personen, die keinen Facebook-Account haben, grenzen sich von ihrer Gesellschaft aus. Die folgende Darstellung zeigt die Verteilung der einzelnen Altersklassen, welche in Deutschland auf Facebook aktiv sind.

---

[40] Socialbakers online 2012b, o. S.
[41] Vgl. Socialbakers online 2012b, o. S.
[42] Vgl. Socialbakers online 2012c, o. S.
[43] Vgl. Krömer 2011, S. 1.

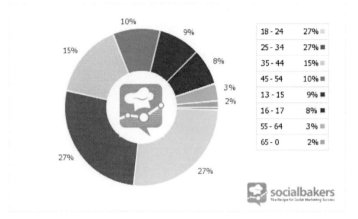

Abbildung 7: User age distribution on Facebook in Germany[44]

Diese Verteilung der Altersklassen zeigt, dass nicht nur die jüngeren Zielgruppen auf Facebook vertreten sind. Es ist zwar deutlich zu erkennen, dass die Anzahl der Facebook-Nutzer zur jeweils nächsten Altersklasse immer geringer wird, dennoch sind aber 2% der Facebook-Nutzer in Deutschland über 65 Jahre alt. Diese Informationen über die einzelnen Altersklassen sind für Unternehmen von großer Bedeutung. Sie können anhand dieser Grafik genau ersehen, wie viel Prozent ihrer Zielgruppe auf Facebook aktiv ist.

3.5.3 Funktionsweise von Facebook

Das soziale Netzwerk Facebook beinhaltet individuell geschaffene Profile, welche sich untereinander austauschen können. Die Nutzer können andere freigegebene Profile einsehen. Dies wird ergänzt durch die Möglichkeit private, wie auch öffentliche, Nachrichten zu hinterlassen. Zudem gibt es die Möglichkeit einer Echtzeitkommunikation, die in Form eines Chats zur Verfügung gestellt wird.[45] Facebook dient hauptsächlich der privaten Kommunikation. Es ist allerdings festzustellen, dass sich immer mehr Firmen einen Facebook-Account anlegen. Dies ist darauf zurückzuführen, dass sie ihre Kunden aus ihrem privaten Umfeld abholen möch-

---

[44] Socialbakers online 2012d, o. S.
[45] Vgl. Hilker, C., 2010, S. 33.

ten. So soll das Unternehmen stillschweigend immer mehr zur Marke oder zum Trendsymbol werden, ohne dass sich der Kunde davon direkt beeinflusst fühlt. Alle Kontakte in einem Facebook-Account werden als Freunde bezeichnet. Dies ist ebenfalls positiv für die Unternehmen, da eine Freundschaft auf Gegenseitigkeit beruht. Somit kann davon ausgegangen werden, dass auch der Kunde eine positive Einstellung dem Unternehmen gegenüber hat.[46]

Zunächst muss sich jeder Nutzer ein Profil mit den persönlichen Daten, wie zum Beispiel Vor- und Zuname, Geburtsdatum usw. anlegen, unter welchem er später Fotos oder Videos hochladen kann. Jedes Facebook-Profil verfügt über eine Pinnwand, auf der Nachrichten veröffentlicht werden können. Diese sind für alle sichtbar. Auch der Nutzer selbst kann unter seinem Profil Nachrichten oder Links hinterlassen, die ebenfalls von allen eingesehen werden können. Zudem gibt es die Möglichkeit, private Nachrichten zu hinterlassen. Diese privaten Nachrichten können nur von ausgewählten Nutzern eingesehen werden. Es gibt auch die Option, verschiedene Gruppen zu bilden. In diesen Gruppen können sich Nutzer gleicher Interessen, gleicher Schulen oder auch Besucher eines Events untereinander austauschen. Die in der Gruppe veröffentlichten Beiträge sind für alle Nutzer innerhalb der Gruppe sichtbar. Die Chatfunktion rundet diese Art der Kommunikation ab.[47] Facebook überlässt die Sichtbarkeit des Profils komplett dem Nutzer. Dieser kann in seinem Profil die Privatsphäre-Einstellungen genau definieren. Hier kann er auswählen, ob alle Nutzer innerhalb von Facebook auf das erstellte Profil Einblick haben sollen. Das Profil kann auch auf Freunde oder Freundesfreunde beschränkt werden. Weiterhin gibt es die Möglichkeit, Freunde als solche anzunehmen, ihnen aber trotzdem den Zugriff auf weitere Profildetails, wie zum Beispiel die Pinnwand oder Fotos zu verwehren. Außerdem kann man in den Einstellungen festlegen, ob und von wem man in der Suchfunktion gefunden werden kann.

---

[46] Vgl. Heymann-Reder, D., 2011. S. 23.
[47] Vgl. Hilker, C., 2010, S. 33.

4 Soziale Netzwerke aus ökonomischer Sicht

Für Unternehmen werden soziale Netzwerke immer interessanter. Hier können Sie die Konsumenten an einem privaten Ort abholen, an dem die Kunden sehr gerne und oft auch stundenlang verweilen. Die sozialen Netzwerke haben immer noch extrem ansteigende Nutzerzahlen und bieten daher ein sehr großes Potenzial hinsichtlich der Kommunikation.[48] In Verbindung mit dieser Arbeit, wurden drei empirische Untersuchungen über die Plattform Facebook durchgeführt. Die Teilnehmerbefragung bei der *IFAA GmbH* soll die individuellen Kundenwünsche hinterfragen. Der Vergleich der drei größten deutschen Unternehmen auf Facebook soll einen aktuellen Stand der Aktivitäten darstellen. Das Experteninterview, die dritte Untersuchung, soll abschließend aufzeigen, welchen Nutzen eine solche Seite für ein Unternehmen haben kann.

4.1 Teilnehmerbefragung der IFAA GmbH

Im Zusammenhang mit dieser Arbeit wurde eine Umfrage zu Kundenwünschen auf der Robinson Club Night Convention am 07. Januar 2012 in Köln arrangiert. Die Robinson Club Night Convention ist eine Veranstaltung der *IFAA GmbH*. Die *IFAA GmbH* hat auf dieser Veranstaltung in Köln alle anwesenden Teilnehmer zu ihrer Meinung bezüglich der Kontaktplattform Facebook befragt.

4.1.1 Ziel der Teilnehmerbefragung

Ziel der Teilnehmerbefragung war es, die individuellen Kundenwünsche hinsichtlich Facebook, in Erfahrung zu bringen. Nur wenn die *IFAA GmbH* die Wünsche ihrer Kunden kennt, kann sie diese auch erfüllen oder im besten Fall übertreffen. Es sollte herausgefunden werden, ob die Kunden der *IFAA GmbH* eine Aktivität des Unternehmens auf dieser Plattform wünschen oder gar erwarten. Außerdem sollten die Hintergründe, warum ein Kunde die Firmenseite mit „gefällt mir" bewertet, erfragt werden. Auch die Anzahl der gewünschten Unternehmensbeiträge sollte anhand von diesem Fragebogen ermittelt werden.

---

[48] Vgl. Socialbakers online 2012b, o. S.

4.1.2 IFAA GmbH

Die *IFAA GmbH* (Internationale Fitness und Aerobic Akademie) wurde im Jahre 1983 von dem Geschäftsführer Werner Pfitzenmeier gegründet. Praxisnahe und hochwertige Ausbildungen haben die Akademie zum Marktführer für Fitness, Wellness und Gesundheit gemacht. Mit einem Kundenstamm von 40.000 Trainern und 6.000 Studios ist die *IFAA GmbH* Europas größte Aus- und Weiterbildungsakademie in der Fitnessbranche.[49]

Mit ihren innovativen Konzepten bietet die *IFAA GmbH* ein sehr umfangreiches Ausbildungsangebot und europaweit rund 27 Fachkongresse[50] pro Jahr an. Sie erstellt neue, unbekannte Trends und aktualisiert alte Konzepte. Die *IFAA GmbH* ist in vier Fachbereiche gegliedert. Die Abteilung *IFAA* University beschäftigt sich damit, Fitnesstrainer auszubilden. Sie versucht in diesem Bereich die bestmögliche Aus- und Weiterbildung für Trainer zu gewährleisten. Im Jahr 2012 bietet die *IFAA GmbH* ihren Kunden eine Auswahl an 96 verschiedenen Aus- und Weiterbildungen. Die *IFAA* Berufsbildung bietet mit der Ausbildung zum Sport- und Fitnesskaufmann eine gute Möglichkeit für Berufseinsteiger. Der Bereich *IFAA* Equipment produziert und vertreibt exklusive Fitnessprodukte für den professionellen Einsatz in Vereinen und Fitnessstudios[51]. Dieser Vertrieb wird ausschließlich über die Homepage der *IFAA GmbH* sowie zu Sonderkonditionen auf den *IFAA* Fachkongressen vertrieben.

Die *IFAA GmbH* hat derzeit nur ein privates Profil auf Facebook. Es ist geplant, zukünftig eine Firmenseite zu erstellen.

4.1.3 Durchführung der Teilnehmerbefragung

Die Robinson Club Night Convention ist mit 65 Teilnehmern eine der kleineren *IFAA* Veranstaltungen. Somit ist das Ergebnis der Umfrage auch keine repräsentative Studie zum Thema Social Media, stellt aber dennoch eine nachhaltige Stichprobe für die *IFAA GmbH* als Entscheidungshilfe zur Eröffnung einer Facebook-Seite dar. Von den 65 ausgegebenen Fragebögen kamen 48 Fragebögen ausgefüllt zurück, was einer Rücklaufquote von 73,85% entspricht. Die Gestaltung des

---

[49] Vgl. IFAA GmbH Unternehmenspräsentation 2011, S. 17.
[50] Vgl. IFAA GmbH Ausbildungskatalog 2012, S. 16f.
[51] Vgl. IFAA GmbH Ausbildungskatalog 2012, S. 1.

Fragebogens wurde einfach gehalten und bestand hauptsächlich aus geschlossenen Fragen, sowie zwei Angaben zur Person. Diese Art des Fragebogens wurde gewählt, da die Teilnehmer nach einem anstrengenden Tag mit bis zu sechs Stunden Sport sehr erschöpft sind und schnell nach Hause möchten.

Der Aufbau des Fragebogens ist wie folgt gegliedert. Als erstes wurden die Angaben zur Person, welche aus Alter und Geschlecht bestehen, erfragt. Anschließend wurden die Angaben zu Facebook erfragt. Die Teilnehmer konnten hier angeben, ob sie Facebook kennen, ob sie angemeldet sind und ob sie im Falle einer Anmeldung die *IFAA* Seite mit „gefällt mir" bewerten würden. Zusätzlich wurden die Teilnehmer befragt, ob sie 1-2, 5-6 oder mehr als 10 Posts pro Woche von einem Unternehmen als optimal empfinden. Zusätzlich sollten sie Angaben darüber machen, ob mehr Posts als angegeben als unangenehm empfunden werden. Die letzte Frage sollte die Gründe für ein „gefällt mir" auf der IFAA Seite hinterfragen. Hier hatten die Teilnehmer die Auswahl zwischen: Interesse an neuen Produkten, Gutscheine und Schnelle Infos zu Angeboten. Am Ende der Befragung steht eine Dankesformel zum Ausklang.

4.1.4 Analyse der Fragebögen

Die Analyse des Fragebogens ergab, dass 79,16% der Befragten Personen zwischen 21 und 50 Jahren sind. Hierdurch erklärt sich auch, dass 99% der Befragten angegeben haben, Facebook zu kennen. 66,66% sind sogar bereits auf der Kontaktplattform angemeldet. Dieses Ergebnis deckt sich mit der oben dargestellten Grafik, welche die Verteilung der einzelnen Altersklassen darstellt. 71% der Befragten geben an, dass Sie der *IFAA*-Seite auf Facebook beitreten würden. Nur knapp 4% sprechen sich dagegen aus. Die restlichen 25% haben entweder noch kein Facebook-Profil oder müssen erst noch von der *IFAA GmbH* überzeugt werden, dass ihnen dieser Kontakt Vorteile bringt. Nur 68,75% der Teilnehmer gaben eine Antwort auf die Frage, wie viele Beiträge sie von einem Unternehmen als optimal empfinden. Von diesen wünschten sich 72,73% ein bis zweimal pro Woche Kontakt zu dem Unternehmen. 33,33% sind noch mit fünf bis sechs Beiträgen pro Woche einverstanden. Nur 3,03% wären bereit, mehr als 10 Beiträge des Unternehmens pro Woche hinzunehmen. 56,25% der Befragten gaben an, dass sie sich von mehr Posts als im Test angegeben, gestört fühlen würden. 31,25%

konnten keine Antwort auf diese Frage geben, aber nur 12,5% würden mehr Kommentare der Unternehmen als im Test angegeben als nicht störend empfinden. Bei der Frage nach den Gründen für eine Freundschaft mit einem Unternehmen wurden die vorgegebenen Kriterien, neue Produkte, Gutscheine/Gewinnspiele sowie die Angebote, sehr gleichmäßig bewertet.

Die Gesamtauswertung des Fragebogens ergab, dass die Kunden der *IFAA GmbH* zum Großteil auf Facebook vertreten sind und sich freuen würden, über diesen Kanal Nachrichten von der *IFAA GmbH* zu erhalten. Nach Eröffnung einer Firmenseite auf Facebook, welche Pinnwandeinträge von Unternehmen überhaupt erst ermöglicht, sollte die *IFAA GmbH* darauf achten, fünf Beiträge pro Woche nicht zu überschreiten. Zusätzlich sollten diese Beiträge immer unterschiedliche Inhalte aufweisen, um alle Kundenerwartungen abzudecken.

4.2 Facebook-Analyse

Zum Zeitpunkt der Erhebung wurden die drei größten Unternehmen auf Facebook hinsichtlich ihrer Aktivitäten auf dieser Plattform miteinander verglichen. Es wurde ermittelt, welches der drei Unternehmen wie viele Posts pro Tag sowie in der Woche online stellt. Auch die Interaktion der Nutzer durch „gefällt mir"-Klicks zu den jeweiligen Kommentaren wurde ausgewertet. Zusätzlich wurde jeder dieser Posts in eine Kategorie hinsichtlich des Inhalts eingeteilt. Es gab die folgenden vier Kategorien zur Auswahl: Information über neue Produkte, Gutscheine, Angebote oder Sonstige. Die ersten drei, dieser vier Kategorien, hatten auch die Konsumenten der Robinson Club Night Convention auf dem Fragebogen der *IFAA GmbH* zur Auswahl. Die Kategorie Sonstige wurde bei der Facebook-Analyse zusätzlich hinzugezogen.

4.2.1 Ziel

Ziel der Analyse ist es, einen Vergleich der Aktivitäten der drei größten deutschen Unternehmen auf Facebook herzustellen. Außerdem soll geprüft werden, ob die Posts der drei größten Unternehmen mit den Erwartungen der Kunden der *IFAA GmbH* übereinstimmt. Da die *IFAA GmbH* derzeit nur ein privates Profil auf Facebook hat, ist es ihr nicht möglich, Posts zu neuen Produkten oder ähnlichem an die eigene Pinnwand zu posten. Dies ist nur mit einer Unternehmensseite möglich.

Daher konnte keine Gegenüberstellung der drei Unternehmen zur *IFAA GmbH* hergestellt werden. Aus dem Vergleich der drei größten Unternehmen können Verhaltensweisen ermittelt werden, welche die *IFAA GmbH* bei Eröffnung der neuen Unternehmensseite nutzen kann.

4.2.2 Durchführung

Die drei größten deutschen Unternehmen auf Facebook sind zum jetzigen Zeitpunkt *McDonald's Deutschland* mit 1.315.329 Fans, *Lufthansa* mit 839.521 Fans, sowie *Lidl* mit einer Anhängerschaft von 701.734 Fans.[52] Die Realisation des Vergleichs wurde im Zeitraum vom 30.01.2012 bis 05.02.2012 durchgeführt. Im Mittelpunkt des Vergleichs stand, wie oft und welche Inhalte das jeweilige Unternehmen postet und wie die Nutzer darauf reagieren. Aber auch die Gesamtheit der Facebook-Seiten wurde hinsichtlich der Nutzerfreundlichkeit und der Transparenz beurteilt. Bei allen drei Unternehmen gibt es die Möglichkeit, die Beiträge zu filtern. Der Nutzer kann sich entweder dafür entscheiden, alle neuesten Beiträge zu sehen oder nur die Beiträge, die vom Unternehmen gepostet wurden, Die folgende Abbildung verdeutlicht dies.

Abbildung 8: Selektion der Beiträge auf Unternehmensseiten bei Facebook[53]

---

[52] Vgl. Socialbakers online 2012a, S. 1.
[53] Vgl. Facebook-Seite McDonald's Deutschland online 2012, o. S.

An der rot umrandeten Stelle hat der Nutzer die Möglichkeit, die Änderung vorzunehmen. Diese Einstellung kann der Nutzer per Mausklick auf der Unternehmensseite immer wieder ändern.

Alle drei Unternehmen haben die Optionen wie Pinnwand, Info, Aktivitäten von Freunden sowie Fotos und Veranstaltungen auf ihrer Seite belassen. *McDonald's Deutschland* als auch *Lidl* haben zusätzlich ein Impressum und eine Netiquette, welche die Verhaltensregeln erklärt, angegeben. Weiterhin haben die Unternehmen eigene Optionen hinzugefügt. Diese gehen aus den folgenden Einzelbeschreibungen der Seiten genauer hervor.

Die Auswertung des Vergleichs ergab, dass *McDonald's Deutschland*, obwohl es das aktuell führende Unternehmen auf Facebook ist, nicht zugleich auch die meisten Kommentare ins Netz stellt. Im betrachteten Zeitraum gingen nur fünf Kommentare von *McDonald's* nach außen. Davon informierten drei über neue Produkte, ein Beitrag bewarb ein Angebot und ein Kommentar ist der Kategorie Sonstige zuzuordnen. Damit hatte *McDonald's* nur ein Viertel der Beiträge von *Lufthansa*, konnte damit aber trotzdem halb so viele Verlinkungen wie *Lufthansa* generieren. Zusätzlich zu den eigenen Beiträgen, werden die Posts der anderen Teilnehmer kommentiert. Auffällig ist, dass vorrangig negative Kommentare richtig gestellt werden. Kunden bekommen Information, an wen sie sich bezüglich ihrer Beschwerde wenden können. Die Nutzer fordern das Unternehmen auf, die Moderatoren mehr in Aktion treten zu lassen. Hintergrund sind die immer wieder vorkommenden negativen Einträge von Vegetariern. Diese versuchen den Kunden von *McDonald's* den Appetit zu verderben. Auffällig hierbei ist, dass *McDonald's* auf diese Kommentare in keiner Weise eingeht.

Die Optionen der *McDonald's*-Seite wurden um die Themen Mein Burger, Jobbörse, McFriend, Qualität und Videos erweitert. Die Aktion „Mein Burger" gibt den Nutzern die Möglichkeit, einen Burger ihrer Wahl zu kreieren und diesen von anderen Nutzern bewerten zu lassen. Die Besten 20 Nutzer präsentieren den von ihnen kreierten Burger später vor einer Jury. Die Burger, die es ins Finale schaffen, kommen auf die Menükarte im Restaurant. Am Ende wird der Testsieger gekürt. Dieses Konzept lässt die Konsumenten an der Produktentwicklung teilhaben und aktiv mitwirken.

Die Jobbörse stellt eine Art Bewerbungsportal dar, über welches die Facebook-Nutzer sich direkt bei *McDonald's* bewerben können. McFriend ist ein Programm, mit welchem man seine Freunde zu einem Burger einladen kann. Wenn Konsumenten diese Option nutzen möchten, müssen sie allerdings *McDonald's* die Freigabe zu ihren Profilinformationen, Fotos und Videos sowie allgemeine Daten wie Alter, Geschlecht geben. Dies bringt für *McDonald's* den Vorteil, dass sie genaue Statistiken über ihre Konsumenten erstellen können. Unter der Rubrik Qualität informiert das Unternehmen die Facebook-Nutzer über die festgelegten Standards. Zusätzlich wird in kurzen Videos gezeigt, wie auf den Bauernhöfen gearbeitet wird und welche Rohstoffe verwendet werden. Zusätzlich kann man sich auf die Homepage verlinken, um dort weitere Informationen rund um das Thema Qualität zu erhalten. Im Bereich Videos sind verschiedene Kurzfilme zu finden, welche über die Marketingaktionen des Unternehmens berichten.[54]

Lufthansa liegt in diesem Vergleich hinsichtlich der Posts auf der eigenen Pinnwand an erster Stelle. Das Unternehmen hat in der Betrachtungswoche 20 verschiedene Kommentare online gestellt. Durch diese hohe Aktivität konnte *Lufthansa* erreichen, dass ihre Pinnwandeinträge innerhalb von einer Woche 2.297-mal von Nutzern geteilt wurden. Durch dieses Teilen der Pinnwandeinträge entsteht ein positiver viraler Effekt. Dieser positive virale Effekt bietet dem Unternehmen die Möglichkeit, schnell neue Nutzer zu gewinnen. Auffällig bei dieser Auswertung war, dass *Lufthansa* sehr viele Einträge ins Netz gestellt hat, welche unter den Bereich Sonstige fallen. Nur sieben Kommentare waren den Bereichen neue Produkte, Gutscheine / Gewinnspiele oder Angebote zuzuordnen. *Lufthansa* bekam trotz der vielen Posts, weniger Kommentare von Nutzern als *McDonald's* und *Lidl*. Eine Ursache hierfür könnte sein, dass die Posts der Rubrik Sonstige nicht so interessant für die Konsumenten sind. Das Unternehmen hat auch nur sehr wenige Zusatzoptionen auf ihrer Facebook-Seite hinzugefügt. Es gibt lediglich die vier Funktionen YourArea, Lufthansa und Donate for India sowie den Bereich Notizen, die die regulären Funktionen ergänzen. Unter der Funktion YourArea können Lufthansakunden ein Land auswählen und bekommen dann individuelle Informationen wie z.B. Miles and More Informationen, Newsletter, Online Check-In, Social Media

---

[54] Vgl. Facebook-Seite McDonald's Deutschland online 2012, o. S.

News Room, und weitere Informationen in der jeweiligen Landessprache. Unter der Option *Lufthansa* ist zum einen ein Video zu sehen, welches den Werbespot von *Lufthansa* zusammen mit *Bayern München* zeigt. Zum anderen sind in dieser Option aber auch viele Kurzbeiträge zu den Themen Lufthansa FlyNet, Miles and More Memberscout, Lufthansamobil Services und das neue Reiseziel Singapore zu sehen. Donate for India ist eine Spendenaktion, mit welcher *Lufthansa* ihre Kunden aufruft, zu spenden. Das Unternehmen nutzt die virtuelle Menschenkette um Müttern und Kindern in Indien zu helfen. Unter dem Bereich Notizen verbirgt sich die Netiquette von *Lufthansa*, in der die Verhaltensregeln für die Facebook-Seite festgelegt sind.[55]

Im Gesamtvergleich der drei Unternehmensseiten hat *Lidl* die strukturierteste Seite. Es gibt zwei Kommentatoren, Jessica und Ron. Beide stellen sich auf der Facebook-Seite unter der Option „Das Team" mit einem Bild und einer Kurzbeschreibung vor. Außerdem wirbt die Facebook-Seite von *Lidl* mit einem Gewinnspiel, wobei täglich Preise verlost werden. Dieses Gewinnspiel ist unter dem Firmenlogo platziert, sodass es sehr große Aufmerksamkeit erregt. So sollen die Konsumenten die Facebook-Seite täglich besuchen. Zusätzlich können die Facebook-Nutzer sich über die Funktion Produkttest als Produkttester bei dem Discounter bewerben. Hierdurch steigt das Interesse der Nutzer an den Produkten. Durch kostenlose Produktproben können sich die Kunden von der Qualität der Produkte überzeugen. Weiterhin gibt es den Newsletter als Option. Unter dieser Option können sich die Facebook-Nutzer für den *Lidl* Newsletter registrieren. Unter allen Nutzern, die sich für den Newsletter registrieren, wird ein *HP* Notebook verlost. Unter der Rubrik Eigenmarken stellt das Unternehmen die Produkte vor, die in *Lidl's* Auftrag entwickelt werden. Der Kunde kann nach den einzelnen Marken selektieren und bekommt die einzelnen Produkte aufgezeigt. Zusätzlich wird dem Nutzer angezeigt, wo er die Produkte erwerben kann. Eine weitere Eigenschaft der Facebook-Seite von *Lidl* ist Valentinstag 2012. Hier können die Nutzer ein Liebes-Musikvideo versenden und zusätzlich eine Reise gewinnen. Außerdem hat *Lidl* noch einen Button Gewinnspiel mit in die Optionen aufgenommen. Hier wird nochmals das Gewinnspiel vom Titelbild beworben. Diese Verlosung findet täglich

---

[55] Vgl. Facebook-Seite Lufthansa online 2012, o. S.

statt. Zusätzlich gibt es unter allen Teilnehmern noch eine Monatsverlosung. Bei der Analyse der Ergebnisse fällt auf, dass *Lidl* die zwölf Beiträge, die im Betrachtungszeitraum online gestellt wurden, sehr gut auf die einzelnen Kategorien verteilt hat. In zwei Posts wurden neue Produkte vorgestellt. Drei Posts beinhalteten Gutscheine und Gewinnspiele, zu Angeboten gab es ebenfalls zwei Beiträge und fünf Kommentare waren sonstigen Themen zuzuordnen.[56]

4.2.3 Analyse

Die Gesamtauswertung der Analyse ergab, dass sich die drei Unternehmen sehr intensiv mit dem Thema soziale Netzwerke, insbesondere mit Facebook, beschäftigen. Dies ist aus der hohen Kommunikation abzuleiten. Die Unternehmen antworten alle regelmäßig auf Kommentare von Nutzern. *Lufthansa* und *McDonald's* werden kontinuierlich mit negativen Kommentaren konfrontiert. *McDonald's* die Bilder von verendeten Tieren unkommentiert stehen. Die Nutzer sprechen das Unternehmen darauf an, diese Beiträge zu löschen.[57] Dies ist eine schwierige Situation für das Unternehmen. Durch das Löschen solcher Beiträge können echte Krisen für die Unternehmen entstehen. *Lufthansa* wird unterstellt, negative Beiträge gelöscht zu haben. Das Unternehmen weist dies aber mit Nachdruck von sich und erklärt dem Kunden direkt, wo er diesen negativen Post finden kann.[58] Es ist festzustellen, dass die Unternehmen aus den Social Media Krisen der vergangen Jahre gelernt haben. Sie überwachen ihre Seiten regelmäßig, löschen keine negativen Beiträge und versuchen sich zu erklären.

4.3 Experteninterview

Die Ergebnisse des Fragebogens und des Vergleichs der drei größten deutschen Unternehmen auf Facebook wurden durch ein zusätzliches Experteninterview ergänzt. Dieses bietet den Vorteil, dass eine detaillierte Informationsgewinnung möglich gemacht wird.[59] Das Experteninterview wurde mit Herrn S. durchgeführt. Er ist der Projektmanager der Digitalen Medien bei einem großen Unternehmen und für die Kommunikation des Unternehmens bei Facebook mitverantwortlich.

---

[56] Vgl. Facebook-Seite Lidl online 2012, o. S.
[57] Vgl. Facebook-Seite McDonald's online 2012, o. S.
[58] Vgl. Facebook-Seite Lufthansa online 2012, o. S.
[59] Vgl. Heinz, J., 2010, S. 8.

Der zugehörige Auftritt rangiert unter den Top 20 aller Facebook-Fanseiten (gemessen an der Anzahl an Fans).[60]

4.3.1 Ziel

Ziel dieses Interviews ist es, einen Einblick in die Arbeitsweise des Unternehmens hinsichtlich Facebook zu gewinnen. Es soll dargestellt werden, wie ein großes deutsches Unternehmen diese neuen Kanäle nutzt. Weiterhin ist es Ziel des Experteninterviews herauszufinden, wie groß der Betreuungsaufwand bei den Unternehmen hinsichtlich Facebook ist. Somit wird auch hinterfragt, ob sich dieser Aufwand lohnt und die gewünschten Ziele erreicht werden. Zudem soll auch die zukünftige Entwicklung sozialer Medien und speziell Facebook aus der Sicht des Unternehmens dargestellt werden.

4.3.2 Expertenauswahl

Für das Experteninterview sollte eines der 20 größten deutschen Facebook-Unternehmen befragt werden. Außerdem sollte es keines der drei Unternehmen sein, die bereits im Vergleich dargestellt wurden. Nur wenn ein weiteres Unternehmen zur Untersuchung herangezogen wird, kann eine Auswertung der einzelnen Methoden untereinander durchgeführt werden. Aus den aufgeführten Gründen bot sich das ausgewählte Unternehmen an. Herr S. weist zudem ein fundiertes Fachwissen in diesem Bereich auf.

4.3.3 Leitfadenentwicklung

Bei der Entwicklung des Leitfadens wurden zunächst die wichtigsten Punkte der Unternehmen im Bereich Facebook herausgearbeitet. Nach einer anschließenden Bewertung der einzelnen Bereiche, wurde der Fokus auf die Kernbereiche Ziele, Aktivitäten, Kritik, Personal und Entwicklung gelegt. Daraufhin wurden Fragen entwickelt, die den jeweiligen Bereich des Unternehmens genau darstellen sollten. So sollte der Bereich „Ziele" einschätzen können, was genau das Unternehmen mit seinem Auftritt bei Facebook erreichen möchte und wie die Erfolgskontrolle durchgeführt wird. Der Kernpunkt „Aktivitäten" soll darlegen, wie das Unternehmen seine Beiträge koordiniert und ob beabsichtigt wird, Facebook als weiteren Vertriebsweg

---

[60] Socialbakers online 2012a, S. 1.

auszubauen. Unter „Kritik" ist der Umgang mit negativen Beiträgen zu verstehen. Das Interview versucht herauszufinden, wie das Unternehmen mit solchen Kommentaren umgeht und wie schnell es darauf reagiert. Zudem wird erfragt, ein festgelegtes Regelwerk existiert, das den Umgang mit Kritik vereinheitlicht. Die Rubrik „Personal" ermittelt, wie viele Mitarbeiter in diesem Bereich beschäftigt sind, wie lange die Arbeitszeit beträgt und ob das Personal regelmäßig geschult wird. Der Punkt „Entwicklungen" soll Veränderungen der sozialen Netzwerke, speziell Facebook, aufzeigen. Außerdem soll unter diesem Punkt der zukünftige Verlauf sozialer Netzwerke eingeschätzt werden.

4.3.4 Durchführung und Analyse des Interviews

Das Experteninterview wurde per E-Mail durchgeführt, da dies dem Experten die Möglichkeit bot, alle Fragen ohne Zeitdruck zu beantworten. Herr S. erhielt am 27.02.2012 den im Anhang beigefügten Fragebogen.

Das Experteninterview zeigt, dass aus Unternehmenssicht die Interaktion mit den Fans im Vordergrund steht. Hierbei wird die Kommunikation hauptsächlich auf Erfahrungswerte gestützt. Zusätzlich versucht das Unternehmen spezielle Angebote über Facebook zu offerieren und alle relevanten Anfragen innerhalb von 24 Stunden zu beantworten. Auf Kritik wird ebenfalls innerhalb von 24 Stunden reagiert. Herr S. gibt an, dass jede Kritik ernst genommen und keinesfalls von der Seite gelöscht wird. Weiterhin sagt er, dass die Facebook-Seite manuell wie auch mit Hilfe von Monitoring Systemen auf negative Beiträge von Nutzern überprüft wird. Diese Einträge werden an eine Sammelstelle geleitet, welche die Einträge an die jeweilig zuständigen Abteilungen weiterleitet. Im Unternehmen sind insgesamt drei Mitarbeiter für den Bereich der sozialen Netzwerke zuständig. Diese Mitarbeiter werden nicht intern geschult, sondern bringen die nötigen Vorkenntnisse durch Studiengänge in den Bereichen Marketing und Digitale Medien mit.[61]

4.4 Gegenüberstellung der Ergebnisse

Die Kunden der *IFAA GmbH* haben bei der durchgeführten Befragung angeben, ein bis zwei Beiträge eines Unternehmens pro Woche als optimal zu empfinden. Erstaunlich ist, dass keines der drei größten Unternehmen diese Zahl halten kann.

---

[61] Experteninterview 2012.

McDonald's liegt mit fünf Beiträgen pro Woche noch nah an diesen Angaben. Auch das Experteninterview hat gezeigt, dass bei diesem Unternehmen maximal fünf Beiträge pro Woche online gestellt werden. Mit 20 Beiträgen pro Woche würde *Lufthansa* von den Kunden der *IFAA GmbH* eher als unangenehm empfunden werden. Zudem wurden bei *Lufthansa* viele Kommentare im Bereich Sonstige abgegeben. Dies gewährleistet die Interaktivität der Kunden. Durch offene Fragen können auch Konsumentenmeinungen in Erfahrung gebracht werden. Die Unternehmen sollten jedoch immer einen Mix an Beiträgen bieten.[62] Die Kommunikation sollte immer aus Fragen, Fotos, Videos, Angeboten, Produktinformationen und auch Gutscheinen oder Gewinnspielen bestehen. Wenn der Kunde seine eigene Meinung preisgeben soll, dafür aber keine Vorteile erhält, wird das Unternehmen für den Kunden schnell uninteressant. *Lidl* wie auch *McDonald's* haben bereits eine gute Kombination der verschiedenen Beiträge. Der Facebook-Vergleich wie auch das Experteninterview zeigen, wie wichtig der Umgang mit Kritik ist. Alle untersuchten Unternehmen heben hervor, dass sie keine Kritik von ihren Seiten löschen. Sie nehmen diese Kritik ernst und versuchen darauf einzugehen.

---

[62] Vgl. Müller 2012, o. S.

5 Chancen und Risiken sozialer Netzwerke am Beispiel Facebook

Das soziale Netzwerk Facebook bringt verschiedene Chancen und Risiken mit sich. Facebook wird aus der Sicht der Konsumenten ganz anders gesehen, als aus der Sicht der Unternehmen. Dies erklärt sich dadurch, dass sich der private Nutzer aus einem ganz anderen Hintergrund auf der Plattform Facebook anmeldet, als ein Unternehmen. Für den privaten Nutzer steht die Kommunikation mit Freunden, Verwandten und Bekannten im Vordergrund. Für Unternehmen stehen ganz andere Ziele wie z.B. Imagetransfer oder Erhöhung des Bekanntheitsgrades im Vordergrund. Die einzige Gemeinsamkeit zwischen privaten Nutzern und den Unternehmen liegt in der Pflege von zwischenmenschlichen Beziehungen. Die Unternehmen möchten die Kundenbeziehungen pflegen, um eine hohe Kundenbindung und -loyalität zu generieren. Private Nutzer möchten ebenfalls Beziehungen aus ihrem näheren Umfeld pflegen. Um über diese Gemeinsamkeit eine Verknüpfung herstellen zu können, muss es den Unternehmen gelingen, einen gewissen Status im Leben des privaten Nutzers zu erlangen. Erst wenn der private Nutzer die Verbindung zum Unternehmen über die „gefällt mir"-Funktion aufnimmt, um seinen Freunden zu zeigen, dass er dieses Unternehmen wertschätzt, kann das Unternehmen in Aktion treten. Aber auch dieses in Aktion treten muss genau überlegt sein, denn jedes Handeln im Internet wird gespeichert und ist jederzeit abrufbar.[63] Unternehmen müssen daher sehr genau abwägen, welche Inhalte, sie wann und auf welche Weise kommunizieren. Im Folgenden wird die Einstellung des Konsumenten und des Unternehmens gegenüber Facebook genauer durchleuchtet. Es werden die Hintergründe der Nutzung ebenso dargelegt, wie die verschiedenen Anwendungsbereiche. Aufgrund der in Kapitel 4 gezogenen Erkenntnisse, werden die Chancen und Risiken für die Unternehmen mit aber auch ohne eine Facebook-Seite abgeleitet.

---

[63] Vgl. Schulz, 2011, o. S.

5.1 Nachfragebezogene Aspekte der Facebook-Kommunikation

Der Konsument, also der private Nutzer, besucht die Plattform Facebook überwiegend zu privaten Zwecken. Daher gibt er auf dieser Plattform sehr viele Informationen über sich preis. Wenn ein Unternehmen einen gewissen Platz im Leben einer Person eingenommen hat, besteht die Chance, dass es von dem jeweiligen Konsumenten ein „gefällt mir" bekommt. Der Konsument bewertet das Unternehmen erst dann mit einem „gefällt mir", wenn er die Produkte oder Dienstleistungen des Unternehmens wertschätzt. Damit ist er bereit, regelmäßige Informationen von diesem Unternehmen zu erhalten. Dies kommt häufig bei der jüngeren Zielgruppe vor. Diese möchte durch Verbindungen zu gewissen Firmen die eigene Persönlichkeit darstellen.[64]

5.1.1 Bedürfnisbefriedigung

Eine individuelle Bedürfnisbefriedigung ist vorrangiges Ziel des Konsumenten. Jeder Mensch hat, wie bereits unter 3.1.1 beschrieben, das Bedürfnis nach sozialen Beziehungen. In unserer heutigen Gesellschaft, in der die Arbeitswelt einen immer größer werdenden Platz einnimmt, bleibt wenig Zeit, um soziale Beziehungen zu alten Freunden oder Arbeitskollegen zu pflegen. Daher bieten soziale Netzwerke, und im Speziellen Facebook, im elektronischen Zeitalter eine gute Möglichkeit der Kontaktpflege. Über die Kommunikation des Echtzeitinternets bekommt der Nutzer immer die neusten Informationen. Außerdem wird das soziale Bedürfnis nach Freundschaft und Gruppenzugehörigkeit befriedigt.

5.1.2 Eigendarstellung

Die Eigendarstellung wird vom Konsumenten ebenfalls als sehr wichtig wahrgenommen. Der Nutzer möchte seine Facebook-Freunde am eigenen Leben teilhaben lassen. Dies tut er indem er möglichst viel über sich selbst auf der Plattform online stellt. So werden nicht nur Personendaten sondern auch Informationen zu Veranstaltungen oder private Bilder und Videos veröffentlicht. Auch Texte, die der Nutzer seinen Freunden an die Pinnwand postet und Spiele, die er spielt, sind ersichtlich. Auf diese Weise erhalten alle Personen einen detaillierten Einblick in das Leben des Nutzers. Auch Unternehmen können die Profile der Nutzer, mit

---

[64] Vgl. Krömer 2011, S. 2.

denen sie befreundet sind einsehen. Oftmals sind sich die Nutzer dessen nicht bewusst. Da die Nutzer sozialer Netzwerke diese Plattformen überwiegend aus privaten Gründen aufsuchen und somit nur bekannte Personen einladen, machen sie sich selten Gedanken über die Preisgabe von Daten.

5.1.3 Informationsquelle

Facebook wird von privaten Nutzern oft auch als Informationsquelle angesehen. Durch das mobile Internet, ist es von jedem Ort der Welt möglich, sich bei Facebook einzuloggen. Viele Nutzer melden sich auf dieser Plattform an, um möglichst schnell neue Informationen über ihre Freunde in Erfahrung zu bringen. Dies hat den Hintergrund, dass der Nutzer immer auf dem aktuellsten Stand sein möchte, um mitreden zu können. Die verschiedenstem Dinge der Nutzerprofile dienen hierbei als Informationsquelle. Im privaten Bereich wird beispielsweise der Beziehungsstatus der Freundin kommentiert. Bei Unternehmen werden unter Umständen neueste Kollektionen und Modelle geteilt. So können die Nutzer ihren Freunden zeigen, was es Neues auf dem Markt gibt. In jeder Hinsicht möchte der Nutzer schnellst möglich, an neue Informationen gelangen, um diese für sich zu nutzen und an andere weiterzugeben. Der Grad des Informationsbedürfnisses eines Menschen lässt sich u.a. daraus ableiten, wie oft er auf seinen Account zugreift.[65]

5.2 Unternehmensbezogene Aspekte der Facebook-Kommunikation

Als Werbemedium bietet die Plattform Facebook viele verschiedene Möglichkeiten für Unternehmen. Alle Unternehmen, unabhängig davon, ob sie bisher einen Facebook-Account haben oder nicht, sollten sich mit diesem Thema beschäftigen. Da das Netz immer mehr an Bedeutung gewinnt, ist es in der heutigen Gesellschaft allerdings schon fast gar nicht möglich, sich nicht mit dem Thema der sozialen Netzwerke auseinander zu setzen. Sollte ein Unternehmen sich dazu entscheiden auf Facebook aktiv zu werden, kann dies die unterschiedlichsten Hintergründe haben. Bei allen Werbeaktivitäten ist zu beachten, dass die Facebook-Nutzer dieses Netzwerk hauptsächlich aus privaten Gründen aufsuchen.[66] Daher gilt es, bei allen Aktivitäten sehr diskret vorzugehen und immer nach den Interessen und

---

[65] Vgl. Krömer 2011, S. 1.
[66] Vgl. Weinberg, T., 2010, S.169.

Bedürfnissen des Kunden zu handeln. Facebook bietet für die Unternehmen eine Service-, Informations-, und Unterhaltungsfunktion. Alle diese Funktionen bringen Vor- und Nachteile für die Unternehmen mit sich, welche im Folgenden genauer dargestellt werden. Die Funktionen aus Konsumentensicht treffen in der Regel nicht immer alle auch auf ein Unternehmen zu. Die Unternehmen spezialisieren sich daher oft auf eine oder zwei Funktionen. Diese sind dann auch sehr ausgeprägt. Dennoch gibt es auch Unternehmen, die alle drei Funktionen nutzen.

5.2.1 Servicefunktion

Facebook kann als Servicefunktion der Unternehmen genutzt werden, indem sie auf Fragen der Nutzer eingehen und diese beantworten. Für konstruktive Kritik von Nutzern kann sich das Unternehmen im Netz bedanken. Der Nutzer fühlt sich dann verstanden und hat das Gefühl, etwas bewirkt zu haben. Er steht dem Unternehmen dann wieder positiv gegenüber. Diese Servicefunktion auf Facebook birgt auch Nachteile, da alle Mitteilungen sich innerhalb von wenigen Sekunden an alle anderen Kunden verbreiten. Aus diesem Grund sollten die Unternehmen, die Facebook als Servicefunktion nutzen, nur sehr ausgewähltes und geschultes Personal für diesen Bereich einsetzen. Eine sehr ausgeprägte Servicefunktion hat z.B. die Firma *dm-drogerie Markt Deutschland*. Dieses Unternehmen kommuniziert in der Servicefunktion täglich 24 Stunden.[67]

5.2.2 Informationsfunktion

Die Informationsfunktion von Facebook bietet Unternehmen die Möglichkeit, Nutzer über ihr Unternehmen zu informieren. Diese Information muss der Nutzer aber selbst abrufen. Daher ist es wichtig, dass die Unternehmen hier interessante Inhalte präsentieren.[68] Generell muss die Facebook-Aktivität unbedingt auf die entsprechende Zielgruppe abgestimmt werden.

5.2.3 Unterhaltungsfunktion

Die Plattform Facebook hat große Potentiale im Bereich der Unterhaltung. Diese Funktion können Unternehmen nutzen, um ihren USP darzustellen. Sie können sich von der Konkurrenz abheben und durch verschiedene Aktionen versuchen,

---

[67] Vgl. Facebook-Seite Dm-drogerie markt Deutschland online 2012, o. S.
[68] Vgl. Pufler, G., 2011, S. 57.

einen regelmäßigen Kundenkontakt herzustellen. Videos zum Unternehmen oder Gewinnspiele tragen zur Unterhaltung der Nutzer bei. Die Schwierigkeit der Unterhaltungsfunktion besteht darin, dass den Unternehmen immer wieder etwas Neues einfallen muss. Durch die Transparenz des Internets können verschiedene Unternehmen hinsichtlich ihrer Aktivitäten auf Facebook sehr schnell miteinander verglichen werden. Dadurch fallen den Nutzern die Kopien oder geistlicher Diebstahl viel schneller auf, als noch in der Vergangenheit. Diese Schwierigkeit stellt aber auch gleichzeitig einen Vorteil dar. Mit einem genialen Unterhaltungskonzept können die Kunden extrem an ein Unternehmen gebunden werden.

5.3 Chancen

Der zielgerichtete, kontrollierte Einsatz von Facebook kann eine große Chance für Unternehmen bedeuten. Die Resonanz bei den Unternehmen kann enorm sein und das Kaufverhalten der Nutzer zugunsten des Unternehmens beeinflussen. Eine sofortige Messbarkeit hinsichtlich des Erfolgs der Werbemaßnahmen ist jedoch nicht möglich. Sie stellt sich erst durch die aufgebaute Kundenbindung an das Unternehmen ein. Viel Geduld und eine hohe Sensibilität im Umgang mit den Kunden sind dazu notwendig. Soziale Netzwerke sind für die Kunden die einzige Möglichkeit, direkt und öffentlich mit einem Unternehmen in Kontakt zu treten.

5.3.1 Preiswerte Kommunikation

Die Plattform Facebook stellt eine sehr preiswerte Variante der Kommunikation dar. Es fallen lediglich Personalkosten an. Im Vergleich zu den herkömmlichen Medien steht daher eine Seite auf der Kontaktplattform Facebook preislich in keinem Verhältnis. Im Gegensatz zu den Konsumenten des Hörfunks, Fernsehen und den Printmedien entscheiden sich Facebook-Nutzer bewusst für ein Unternehmen. Sie bewerten die Seite des Unternehmens mit „gefällt mir" und signalisieren so ihre Bereitschaft, Informationen gewollt zu empfangen.

5.3.2 Direkte Kundenbeziehung

Facebook bietet Unternehmen durch die Servicefunktion die Möglichkeit, eine persönliche Beziehung zum Kunden zu entwickeln. Sie können auf Empfehlungen, Hinweise aber auch auf Kritik von Kunden sofort reagieren. Auch die Unterhaltungsfunktion trägt zu einer positiven Kundenbindung bei. Durch diese Funktion können die Kunden emotional an das Unternehmen gebunden werden. Der Kunde hat so nicht das Gefühl, dass es sich um eine Verkaufsplattform handelt, sondern sieht das Unternehmen als Freund an.[69] Durch gezielte Aktionen wie z.B. Gewinnspiele, Wettbewerbe etc. kann das Unternehmen seinerseits an die Kunden herantreten und diese begeistern. Die Unternehmen haben so die Chance, eine dauerhafte Kundenbindung herzustellen, die es in dieser Form vorher noch nicht gab.

5.3.3 Zielgruppenspezifische Kommunikation

Die geringen Streuverluste auf Facebook begründen sich dadurch, dass die Konsumenten den jeweiligen Unternehmen nur ein „gefällt mir" geben, wenn sie tatsächlich an den Unternehmen interessiert sind. Somit bietet dies den Unternehmen die große Chance, zielgruppenspezifisch kommunizieren zu können. Sie wissen, dass alles, was von ihnen kommuniziert wird, bei ihrer Zielgruppe ankommt. Zwar sind nicht alle Nutzer zum Zeitpunkt des Beitrags online, dennoch können diese die Beiträge auch später einsehen. Dies ist der große Vorteil gegenüber den Werbespots im Fernsehen oder Hörfunk. Dort muss der Nutzer zum Zeitpunkt des Spots unbedingt verfügbar sein, da ein späterer Abruf unmöglich ist und eine Wiederholung neue Kosten verursacht.

5.3.4 Servicefunktion als Selbstläufer

Die Servicefunktion kann im Optimalfall zum Selbstläufer werden. Stellt ein Nutzer eine Frage auf die Pinnwand des Unternehmens, kann diese von einem anderen Nutzer beantwortet werden. Somit muss das Unternehmen die Kommunikation nur noch überwachen, aber nicht zwingend selbst an die Kunden herantreten. Der Vorteil besteht darin, dass die Nutzer untereinander ganz anders kommunizieren, als das Unternehmen das tun würde. Wenn ein Kunde beispielsweise ein Produkt negativ bewertet, ist es für andere Nutzer wenig glaubwürdig, wenn das Unternehmen eingreift, den Beitrag selbst kommentiert und dabei ausdrückt, es handle sich lediglich um einen Einzelfall. Wird dieser Beitrag jedoch von anderen Nutzern derart kommentiert, dass ein Einzelfall vorliegen müsse, da sie selbst mit dem

---

[69] Vgl. Pufler, G., 2011, S. 60f.

Produkt zufrieden sind, hat es eine wesentlich glaubwürdigere Wirkung auf die Fans.

5.3.5 Unternehmensbild

Es ist sehr wichtig, dass sich Unternehmen in sozialen Netzwerken menschlich präsentieren. Diese menschliche Präsentation ist umsetzbar, indem das Firmenlogo als Profilbild hinterlegt und umfangreich über das Unternehmen informiert wird. So können die Kunden emotional erreicht werden.[70] Man kann die Kunden über aktuelle Abläufe im Unternehmen ebenso informieren, wie über neue Produkte. *BMW* postet beispielsweise regelmäßig Bilder neuer Modelle oder Bilder von Fahrzeugen, die noch in der Entwicklungsphase stecken.[71] Dies bietet auch die Möglichkeit, den Kunden an der Produktentwicklung teilhaben zu lassen, indem auf Kommentare und eventuelle Verbesserungsvorschläge reagiert wird. Ist es nicht möglich die Kundenvorschläge zu berücksichtigen, kann man mit dem Kunden direkt kommunizieren, um ihm zu erläutern, warum gerade dieses Merkmal so nicht oder nicht mehr berücksichtigt werden kann. Der potenzielle Kunde kann sich dann trotzdem in die Produktentwicklung mit einbezogen fühlen.

5.3.6 Kundenempfehlungen

Durch die virale Wirkung des „gefällt mir"-Buttons, können Unternehmen innerhalb kürzester Zeit eine sehr große Anzahl an potentiellen Kunden erreichen. Der virale Effekt entsteht dadurch, dass ein Unternehmen eine Nachricht, ein Bild, ein Link oder Ähnliches online stellt und diese dann von den Nutzern mit „gefällt mir" bewertet werden. Durch die Aktivierung des „gefällt mir"-Buttons sehen alle Freunde des Nutzers, dass diesem die entsprechende Nachricht des Unternehmens gefällt. Wenn auch die Freunde „gefällt mir" anklicken, sehen es deren Freunde und Freunde von Freunden. So entsteht, wie oben bereits erläutert, ein Schneeballsystem und ein Unternehmen erreicht viele potentielle Kunden direkt über private Beziehungen.

---

[70] Vgl. Heymann-Reder, D., 2011, S. 23.
[71] Vgl. Facebook-Seite BMW online 2012, o. S.

5.3.7 Markenbotschafter

Kunden, die von einem Unternehmen, einem Produkt oder einer Dienstleistung begeistert sind und dies auch nach außen kommunizieren, werden als Markenbotschafter bezeichnet. Diesen Markenbotschaftern können zusätzliche Anreize wie z.B. Gutscheine oder Gewinnspiele angeboten werden. So kann eine noch höhere Aktivität erreicht werden. Es gibt Unternehmen, die gezielt nach Markenbotschaftern suchen. [72]

Dies wird auf dem Schaubild, welches die Aktion der *Alfred Ritter GmbH & Co. KG* zeigt, verdeutlicht.

Abbildung 9: *Ritter Sport* sucht Markenbotschafter[73]

Es ist sehr deutlich zu sehen, mit welcher Transparenz sich dieses Unternehmen nach Außen darstellt. Es macht einen Wettbewerb daraus, Markenbotschafter zu werden. Den Nutzern wird das Gefühl vermittelt, dass sie etwas ganz Besonderes seien, wenn sie als Markenbotschafter ausgewählt werden, denn nicht jeder wird

---

[72] Vgl. Heymann-Reder, D., 2011, S. 33.
[73] Ritter Sport online 2012, o. S.

als Markenbotschafter angenommen. Außerdem verspricht *Ritter Sport*, regelmäßig Produkte an die Markenbotschafter zu versenden. So wird die Bindung zu diesen Kunden noch mehr gestärkt. Das Ziel, das *Ritter Sport* durch den Einsatz von Markenbotschaftern erreichen will, ist eine regelmäßige und positive Kommunikation im Netz und speziell auf Facebook. Auch das Unternehmen *Procter & Gamble Service GmbH* sucht für die Marke *Panten Pro V* nach eigenständigen Markenbotschaftern auf Facebook. Dies geht sogar so weit, dass andere Medien mit in die Suche eingebunden werden. *Panten Pro V* hat derzeit einen Werbespot im Fernsehen laufen, der auf die Suche nach Markenbotschafter auf Facebook verweist. Zudem wird an die drei zukünftigen Markenbotschafter eine Reise nach Dubai verlost. Dort können die Markenbotschafter das neue Produkt gleich einem Belastungstest unterziehen. Alles was von den Bewerbern gefordert wird ist, dass sie Fan der Facebook-Seite von *Panten Pro V* werden und ein Foto von sich und ihrem gesund aussehenden Haar einschicken.[74]

5.3.8 Multiplikatoren

Eine interaktive Kommunikation ist dann gegeben, wenn Mitarbeiter und Kunden eines Unternehmens miteinander kommunizieren. Es gibt Unternehmen, die den eigenen Mitarbeitern keinen Zugriff auf die Unternehmensseite auf Facebook gewähren. Dadurch gehen diesen Unternehmen aber glaubwürdige Multiplikatoren verloren. Die Mitarbeiter können sich, wenn sie richtig geschult wurden, sehr positiv auf die Facebook-Kommunikation eines Unternehmens auswirken. Die Beiträge, welche Mitarbeiter eines Unternehmens in ihrer Freizeit posten, wirken für Kunden viel authentischer als Unternehmenskommentare. Die Kunden gehen davon aus, dass die Mitarbeiter in ihrer Freizeit, aus dem Nähkästchen plaudern. Daher müssen die Unternehmen hier ansetzen und die Mitarbeiter an das Unternehmen binden. Wenn eine gute CI herrscht und die Mitarbeiter sich im Unternehmen wohlfühlen, werden sie dies auch auf Facebook verkünden. Das Unternehmen kann dann von einem positiven Multiplikator-Effekt profitieren, da die Kunden durch die interaktive Kommunikation auf dieser Plattform sehr schnell davon erfahren.[75]

---

[74] Vgl. Facebook-Seite Pantene Deutschland online 2012, o. S.
[75] Vgl. Pufler, G., 2011, S. 70.

5.3.9 Preisbildung

Die Equity-Theorie besagt, dass Konsumenten ein Produkt nur dann akzeptieren, wenn sie den Preis des Produktes als fair empfinden. Den Preis empfinden Kunden dann als fair, wenn sie ihn nachvollziehen können und als berechtigt erachten. Durch die direkte Kundenkommunikation und die Möglichkeit, Bilder und Videos online zu stellen, ist es dem Unternehmen möglich, die Preisbildung zu erklären. Unternehmen können Bilder ins Netz stellen, welche die qualitativ hochwertigen Rohstoffe zeigen, die für die Produktion eingesetzt werden. Mit Videos können die Arbeitsbedingungen der Produktionsstätten aufgezeigt werden.[76] So haben die Kunden einen genaueren Einblick ins Unternehmen und wissen, wie der Preis des Produktes zustande kommt. Wenn sie dann davon überzeugt sind, dass diese Prozesse den Preis des Produktes und dessen Qualität rechtfertigen, werden sie es vermutlich auch kaufen oder zumindest den Preis akzeptieren.

5.3.10 Marktforschungstools

Mit Hilfe des kostenlosen Marktforschungstools können verschiedene Statistiken erstellt werden. Unternehmen können ihre Nutzer demographisch gliedern. Außerdem kann man mit Hilfe dieser Funktion Alter, Geschlecht, Interessen und vieles mehr über die Nutzer in Erfahrung bringen. Des Weiteren lassen sich Statistiken erstellen, mit welchen man die Nutzungszeiten der Nutzer analysieren kann. Damit können Unternehmen ihre Zielgruppe sehr genau definieren. Dadurch ist es den Unternehmen möglich, gezielt Werbung zu schalten. Anschließend müssen die Unternehmen die Werbung oder andere geschaltete Aktionen analysieren. Sie müssen auswerten, wie viele „gefällt mir" sie von wem und wofür bekommen haben. Ein weiterer Analyseansatz ist der Kanal (Anzeigen, Homepage, Newsletter) über den die Rückmeldung „gefällt mir" eingeht.

5.3.11 Personalauswahl

Bei der Auswahl von Bewerbern kann Facebook ein sehr hilfreiches Instrument darstellen. Zum einen können sich Unternehmen auf dieser Plattform gut präsentieren, sodass die Bewerber das Unternehmen als attraktiv einschätzen und gerne dort arbeiten möchten. Die Unternehmen stellen dort Berichte zu einzelnen Abtei-

---

[76] Vgl. ebd., S. 71.

lungen und Fachbereichen ein. Weiterhin werden allgemeine Informationen zum Unternehmen angegeben. Somit können sich die Bewerber ein umfassendes Bild über das Unternehmen machen. Der Mittelstand nutzt diese Möglichkeit derzeit noch nicht im gleichen Maß wie die großen Konzerne aus. Dabei könnten diese Unternehmen genau hier auf gleicher Ebene kommunizieren und Bewerber auf sich als Arbeitgeber aufmerksam machen. Das Web 2.0 wird von Experten wie *August-Wilhelm Scheer*, Präsident bei *Bitkom*, sogar als Stellenmarkt der Zukunft angesehen. [77] Ein weiterer Vorteil der sozialen Netzwerke besteht darin, dass viele Nutzer immer noch kein geschütztes Profil besitzen. Ohne Probleme kann auf die Profile des Nutzers legal zugegriffen werden. Auf diesem Weg können die Personalchefs schnell das soziale Umfeld des Bewerbers über Bilder und Pinnwandeinträge einsehen. Das spart viel Zeit und rundet das Bild des Bewerbers zusammen mit Vorstellungsgesprächen, Einstellungstests und Probearbeiten ab. Bei manchen Bewerbern kommt es aufgrund der Facebook-Recherchen schon gar nicht zu weiteren Vorstellungsgesprächen.

5.4 Risiken

Generell bringen soziale Netzwerke im Internet viele verschiedene Risiken, wie z.B. Mobbing, Identitätsdiebstahl usw., mit sich. Da diese Arbeit den kommerziellen Nutzen von Facebook für Unternehmen betrachtet, werden im Folgenden nur die Risiken der Unternehmen betrachtet. Aktuell stellen die noch ungeklärte Datenschutz- und Urheberrechtsfragen ein großes Risiko dar. Außerdem können verschiedene Marketingaktionen im Bereich der sozialen Netzwerke schnell ein Eigenleben entwickeln und dadurch für die Unternehmen unkontrollierbar werden.[78] Im Folgenden wird dargestellt, was es für Unternehmen bedeuten kann, wenn sie auf Facebook vertreten sind oder nicht. Des Weiteren wird untersucht, wenn ein Unternehmen zwar einen Facebook-Account besitzt, diesen aber nicht zur Kommunikation nach außen nutzt. Weiterhin werden einige Aktionen aufgezeigt, bei denen Unternehmen durch keine oder falsche Kommunikation stark unter Druck geraten sind. Es ist sehr wichtig für die Unternehmen, diese Plattform richtig einzusetzen und alle Aktivitäten wohl durchdacht auszuführen.

---

[77] Vgl. Schepers, K., 2011, online.
[78] Vgl. Hilker, C., 2010, S. 35.

5.4.1 Privates Profil statt Unternehmensseite

Bei kleineren Unternehmen wird oft versehentlich ein privates Profil anstatt einer Unternehmensseite angelegt. Die Informationsfelder eines privaten Profils sind jedoch speziell für private Nutzer entwickelt. Unternehmen die ein privates Profil nutzen, ist es deshalb nicht möglich, ihre Firmeninformationen in vollem Umfang zu platzieren. Zudem schließt Facebook die kommerzielle Nutzung in den Nutzungsbedingungen für private Profile aus. Sollte ein Unternehmen gegen diese Auflage verstoßen, droht die Sperrung des Profils. Ein privates Profil erlaubt dem Nutzer nur mit maximal 5.000 Kontakten befreundet zu sein. Ein Unternehmen möchte unter Umständen mehr Kontakte, damit es erfolgreich nach außen kommunizieren kann. Ein privates Profil verhindert dies jedoch. Des Weiteren können mit einem privaten Profil keine Statistiken erstellt werden. Somit kann auch die zielgerichtete Kommunikation nicht verbessert werden. Auf der Unternehmensseite hingegen können genaue Auswertungen über Interaktionen und Demographie der Fans bezogen werden, welche eine Optimierung der Kommunikation ermöglichen. Außerdem muss der Inhaber eines privaten Profils alle Freundschaftsanfragen manuell beantworten. Dies ist bei einer Unternehmensseite nicht notwendig. Alle Nutzer, die ein Unternehmen mit „gefällt mir" bewerten, werden automatisch als Fans aufgenommen. Überdies können in einem privaten Profil keine Anzeigen geschaltet werden. Dies hat zur Folge, dass die Unternehmen ihre Produkte nicht über diese Plattform vermarkten können. Auch die Fangewinnung innerhalb des Facebook-Advertising-Programms ist somit nicht möglich. Ebenfalls negativ wirkt sich der Wegfall der Social Plugins wie z.B. die Likebox aus. Im privaten Profil ist diese Funktion nicht enthalten.[79]

5.4.2 Keine Präsenz auf Facebook

Es gibt immer noch Unternehmen ohne Facebook-Präsenz. Dafür gibt es viele verschiedene Gründe. Ein Grund besteht darin, dass viele Unternehmen für den großen Zeitaufwand, welcher investiert werden muss, keinen Mehrwert sehen. Kleine Unternehmen vermuten, dass keiner ihrer Kunden sie auf diesen Portalen suchen würde. Allerdings fragen sich die wenigsten Unternehmen, was die Be-

---

[79] Vgl. Wiese 2010, o. S.

standskunden von einem Unternehmen halten, das nicht auf einer solchen Platt-
form vertreten ist und welcher Imageschaden dadurch entstehen kann. Laut einer
Umfrage von eprofessional, denken 34% der Internetnutzer in Deutschland, dass
Unternehmen ohne eigene Facebook-Seite „hinter dem Mond leben" und keine
Ahnung von neuen Medien haben. Jeder zehnte Nutzer denkt, dass Unternehmen
ohne Facebook-Seite etwas zu verbergen haben oder Angst vor einem direkten
Kundenkontakt haben. Dies sollten die Unternehmen, welche noch keine Facebook-Seite haben, berücksichtigen. Es sollte sie zum Nachdenken anregen, welchen Schaden sie ohne eine Präsenz nehmen können. Ein weiterer wichtiger
Aspekt ist, dass eine Facebook-Seite nicht einfach zu kaufen ist, wie zu Beginn
des Internets einen Domainnamen. Daher ist es aus Markenschutzgründen sehr
wichtig, sich rechtzeitig seinen Firmennamen in den Social-Media-Kanälen zu
sichern. Diese Facebook-Seite kann dann aber nicht wie ein Domainname jahre-
lang geschützt bleiben. Sie muss sofort zur Kommunikation genutzt werden, da
Unternehmen erst ab 26 Fans eine URL anfordern können.[80]

5.4.3 Fehlerhafte Kommunikation

Marketingexperten schwärmen von der neuen Kommunikation in sozialen Netzwerken. Sie sagen, dass kein anderer Kanal die Konsumenten und Produzenten
so nah zusammenbringt, wie dieses Medium. Zudem sind die Konsumenten freiwil-
lig in diesen Netzwerken und geben ihre Meinung unentgeltlich ab. Daher werden
diese Kunden als besonders wichtig empfunden und oft mit Gewinnspielen oder
anderen Aktionen unterhalten.[81] Diese öffentliche Kommunikation in den neuen
Kanälen kann schnell vom Positiven ins Negative umschlagen. Diese Erfahrung
mussten selbst namenhafte Unternehmen wie z.B. *Dell* machen. Bei großen Kon-
zernen muss die Kommunikation, die nach außen geht, vorher frei gegeben werden. Bei der Echtzeitkommunikation im Internet, bleibt keine Zeit, um Texte zu
prüfen und freizugeben. Die Kunden möchten schnelle und ehrliche Antworten.
Aus diesem Grund ist es für Unternehmen sehr wichtig, Regeln zu erstellen, wie
sie nach außen kommunizieren wollen und wie sie sich in Krisenfällen verhalten.
Im Folgenden werden die vier größten Social Media Krisen der letzten Jahre be-

---

[80] Vgl. o.V. 2011, o. S.
[81] Vgl. Hillenbrand 2010, o. S.

schrieben. Aus diesen ist sehr gut abzuleiten, wie schnell eine unangemessene Kommunikation nach außen um sich greifen kann und welche Ausmaße dies annehmen kann.

5.4.3.1 Dell

Bereits 2004 konnte *Dell* schon die Erfahrung machen, wie hart man für Fehler in sozialen Netzwerken bestraft werden kann. Damals beschwerte sich ein Kunde öffentlich über den schlechten Kundenservice von *Dell*. *Dell* reagierte darauf nicht, weil sie dachten, ein einzelner verärgerter Kunde könne nicht viel Schaden anrichten. Doch in kürzester Zeit schlossen sich diesem Kunden weitere Kunden an, die über den Kundendienst von *Dell* verärgert waren. Die Geschichte wurde immer bekannter, sodass sogar die Medien darüber berichteten. Dies hatte extreme Umsatzeinbußen und fallende Aktienkurse bei *Dell* zu Folge. Die Fehler, die *Dell* damals gemacht hatte, waren nicht nur, dass sie den verärgerten Kunden und seine Bedürfnisse nicht ernst genommen haben, sondern auch, dass sie die viralen Effekte der sozialen Netzwerke unterschätzten. Weiterhin hatten sie kein Konzept, wie sie auf solche Beschwerden reagieren sollten. Deshalb reagierten sie gar nicht. Diese fehlende Stellungnahme wurde von den Kunden wie auch von den Medien als sehr negativ bewertet. Kurz nach dieser Social Media-Panne übernahm Michael Dell wieder die Unternehmensführung. Dies lässt darauf schließen, dass *Dell* diesen Vorfall durchaus ernst genommen hat. Bei *Dell* gibt es nun Richtlinien für die Arbeit in sozialen Netzwerken. Dadurch war es in den letzten Jahren sogar möglich, Gewinne durch den Vertrieb in sozialen Netzwerken zu generieren.[82] Dieses Beispiel zeigt, dass die Kunden generell bereit sind, den Unternehmen Fehlern in sozialen Netzwerken zu verzeihen, wenn diese ihre Strategie ändern und die Kunden sich gut betreut fühlen.

5.4.3.2 KitKat

Der Lebensmittekonzern *Nestlé*, mit Hauptsitz in der Schweiz, musste ebenfalls erfahren, wie es ist, wenn sich die eigenen Facebook-Fans gegen das Unternehmen wenden. Die Social Media-Krise am Produkt *KitKat*, wurde durch eine bisher einzigartige Maßnahme von *Greenpeace* ausgelöst. Im März 2010 stellte *Green-*

---

[82] Vgl. Bolliger 2011a, o. S.

peace ein Video auf der Plattform YouTube online, auf welchem ein Mann zu sehen ist, der völlig erschöpft von der Büroarbeit ist. Dann erscheint der Slogan „Have a Break?" und der Büroangestellte öffnet eine *KitKat*-Verpackung. Es befindet sich allerdings kein *KitKat*-Riegel darin, sondern ein Finger eines Orang-Utans. Der Mann bemerkt dies nicht und beißt ein Stück des Fingers ab. Daraufhin spritzt das Blut aus dem Finger und alle Mitarbeiter schauen ihn empört an. Dann wird der Slogan „give the orang-utan a break" eingeblendet. Danach ist ein Orang-Utan im Regenwald zu sehen, und man hört die Geräusche einer Rodung. Abschließend wirbt *Greenpeace* mit dem Slogan „*Nestlé*, kein Palmöl aus Urwaldzerstörung". Dieses Video verbreitete sich in Rekordgeschwindigkeit im Netz. Ebenso schnell erhielt die Facebook-Seite von *KitKat* negative Einträge zu diesem Thema. Die Firma *Nestlé* reagierte aber genauso wenig, wie *Dell* einige Jahre zuvor.[83] Einige der *KitKat*-Fans änderten ihre Profilbilder in verfremdete *KitKat*-Logos ab. Fraglich ist, wie viele Fans zuvor von *Greenpeace* auf der Fanseite von *KitKat* eingeschleust wurden. Bereits kurz nach der Veröffentlichung des Videos auf der Plattform YouTube, wurde auf der Facebook-Seite zum Boykott aufgerufen. Die Anhänger der *Greenpeace*-Kampagne übten durch Bilder und Videos mit blutverschmierten Orang-Utan Fingern in *KitKat*-Verpackungen immer mehr Druck auf *Nestlé* aus. *Nestlé* wusste nicht, wie sie auf solch ein Debakel reagieren sollten, und drohte zunächst, die verfremdeten Logos zu löschen. Dies empfanden die Anhänger der *Greenpeace*-Kampagne aber als Provokation und übten mit einer Twitterwall, welche sie vor der Deutschlandzentrale von *Nestlé* in Frankfurt aufstellten, zusätzlichen Druck aus. Kurz darauf schaltete das Unternehmen die Facebook-Seite komplett ab. Laut einer Studie von *Spiegel Online* hörten die Aktivitäten immer noch nicht auf, denn der Begriff „Palmöl" wurde innerhalb weniger Tage achtmal so oft gepostet als zuvor.[84]

5.4.3.3 Domino's Pizza

Der Fall *Domino's Pizza* grenzt sich zu den beiden vorherigen Fällen ab, da Social Media in diesem Fall auch eine sehr positive Wirkung hatte. *Domino's Pizza* ist eine Pizzakette in den USA. Zwei Mitarbeiter dieser Kette steckten sich zunächst

---

[83] Vgl. Bolliger 2011c, o. S.
[84] Vgl. Spiegel online 2010, o. S.

Mozzarella in die Nase und danach verarbeiteten sie diesen Mozzarella weiter. Dabei filmten sie sich und anschließend stellten sie dieses Video auf der Plattform *YouTube* online. Es verbreitete sich, wie auch das *Greenpeace*-Video im Fall *KitKat*, rasend schnell. Als herausgefunden wurde, dass das Video in *Domino's Pizza* gedreht wurde, nahmen diese das Video sofort aus dem Netz. Durch diesen Hinweis konnten auch die Täter sehr schnell ermittelt und anschließend festgenommen werden. Das einzige, was sich *Domino's Pizza* vorwerfen kann ist, dass sie das Netz nicht ausreichend überwacht haben. Nach Bekanntwerden dieser Panne hat die amerikanische Pizza-Kette alles getan, um die Kunden von sich zu überzeugen. Die Kette hat ebenfalls ein Video auf YouTube online gestellt, indem sie den Vorfall bedauert und zeigt, mit welchen Kontrollen künftig solche Fehlverhalten der Mitarbeiter verhindert werden sollen. Zusätzlich hat *Domino's Pizza* noch ein Twitter-Profil erstellt, über welches das Unternehmen direkt mit den Konsumenten kommunizieren kann.[85] Man kann an diesem Fall eine deutliche Verbesserung zu den beiden vorherigen Fällen sehen. Das Unternehmen hat vermutlich richtig gehandelt, indem alles Mögliche getan hat, um die Kunden davon zu überzeugen, dass sie diesen Vorfall bedauern.

5.4.3.4 Motrin

Motrin ist ein Schmerzmittel für Mütter in der Schwangerschaft. Das Unternehmen startete ein Werbevideo über YouTube, mit welchem das Produkt für werdende Mütter vertrieben werden sollte. Allerdings wurden Babys in diesem Video als Modeerscheinung abgetan. Dieses Werbevideo fand fast zwei Monate keine Beachtung. Dann war eine Mutter sehr empört und twitterte dies. So kam der virale Effekt in Gang und die Nachricht verbreitete sich. Dies hatte zur Folge, dass werdende Mütter eher über das Unternehmen *Motrin* empört waren, als dass Begeisterung für das Produkt aufkam. Nur wenige Tage später hat das Unternehmen das Video aus YouTube gelöscht. Doch dies war zu spät erfolgt, da die aufgebrachten Kunden weiter darüber berichteten. In diesem beschriebenen Fall hat das Unternehmen mit seinem Werbevideo direkt die Zielgruppe gegen sich aufgebracht. Das ist sehr schädlich für das Image eines Unternehmens. Durch die schnelle Abschal-

---

[85] Vgl. Bolliger 2011b, o. S.

tung des Videos konnte *Motrin* aber verhindern, dass der Fall auch in Europa durch die Medien geht. In der Regel spielen Ländergrenzen in sozialen Netzwerken keine Rolle. In diesem Fall jedoch konnte durch die schnelle Reaktion seitens *Motrin* ein größeres Ausmaß verhindert werden. Das Unternehmen konnte das Produkt in Europa schließlich auf dem Markt platzieren.[86]

5.4.3.5 Erkenntnisse aus den vier größten Social Media Krisen

Aus diesen vier Fällen ist deutlich zu erkennen, dass es immer wieder negative Kritik innerhalb sozialer Netzwerke geben kann. Verärgerte Kunden haben jedoch schon immer darüber gesprochen. Nur war es vor einigen Jahren noch nicht so öffentlich und daher auch nicht so transparent für die jeweiligen Unternehmen. Virale Effekte greifen in sozialen Netzwerken immer schnell. Deshalb müssen die Unternehmen Strategien entwickeln. Diese Strategien sollten beinhalten, wann wer, mit wem und wie kommuniziert. Unternehmen, die in sozialen Netzwerken sehr aktiv sind, sollten ihre Strategien zu Social Media Konzepten weiterentwickeln. Hier sollten alle erdenklichen Szenarien durchgespielt werden. Die einzelnen Verhaltensweisen des Unternehmens auf diese Szenarien müssen genau definiert werden. Diese Konzepte sollten auf jeden Fall einige der folgenden Punkte beinhalten. Die Reaktionszeit, d.h. wie schnell das Unternehmen auf Nutzereinträge reagieren will. Diese sollte in der Regel nicht über 24 Stunden liegen. In Krisenfällen sollen sogar nicht einmal 30 Minuten verstreichen, da durch die Verbreitung der Smart Phones die Kommunikation noch mobiler und somit noch schneller geworden ist. Die Management Funktion von Facebook kann hier ganz hilfreich sein. Diese Funktion wird ab 10.000 „gefällt mir"-Klicks angeboten und filtert die Pinnwand eines Unternehmens hinsichtlich gewisser Wörter. Dies kann dem Unternehmen helfen eventuelle Krisenfälle schneller zu erkennen. Außerdem sollten Unternehmen festlegen, wie intensiv sie sich mit dem Thema der sozialen Netzwerke beschäftigen wollen. In der Regel erfordert dies täglich mehrere Stunden Arbeit. Stellt dies für die Unternehmen einen zu großen Aufwand dar, könnte die Betreuung der Netzwerke an externe Dienstleister ausgelagert werden. Eine bereits bestehende negative Diskussion innerhalb eines Netzwerks sollte das

---

[86] Vgl. Bolliger 2011d, o. S.

Unternehmen nicht noch weiter eskalieren lassen. Das Unternehmen sollte in Krisenfällen immer die Beruhigung der Lage als oberstes Ziel festlegen. Außerdem ist es wichtig, dass Unternehmen ihren Standpunkt ganz klar darstellen, auf die Kritik der Nutzer eingehen und sich erklären. Dieses Erklären sollte in einem gewissen Rahmen bleiben, da das Unternehmen sonst durch Rechtfertigungsversuche wieder in weitere Erklärungsnöte geraten kann. Auf keinen Fall sollte sich das Unternehmen der Kommunikation komplett entziehen oder die Seite abschalten, da dies von den Nutzern ebenfalls als Provokation verstanden werden kann.[87]

5.4.4 Präsenz auf Facebook ohne Kommunikation

Viele Unternehmen wissen die Chancen und Risiken sozialer Netzwerke noch nicht richtig einzuschätzen. Zwar wollen sie zum einen die neuen Kanäle nutzen, trauen sich aber zum anderen nicht richtig zu kommunizieren. Aus diesem Grund kommunizieren sie gar nicht. Dies ist einer der größten Fehler, den die Unternehmen machen können. Die Menschen sind täglich auf dieser Plattform, um sich über die aktuellsten Geschehnisse zu informieren. Stellt ein Unternehmen keine Informationen online, so lässt dies den Nutzer vermuten, dass es hier nichts zu berichten gibt. Doch was sagt dies über ein Unternehmen aus? Wenn Facebook als Teil der Unternehmenskommunikation so vernachlässigt wird, wirft dies immer ein schlechtes Licht auf das Unternehmen. Daher ist es sehr wichtig, die Konsumenten zu integrieren. Wie bereits durch den Fragebogen der *IFAA GmbH* und den Vergleich der drei größten deutschen Unternehmen auf Facebook belegt wurde, macht die richtige Mischung der Beiträge eine gute Unternehmens-kommunikation aus. Eingestellte Fotos generieren beispielsweise die meisten Kommentare und „gefällt mir"-Klicks. Fragen des Unternehmens an die Facebook-Nutzer regen diese an, selbst aktiv zu werden. So entsteht ein Interesse der Konsumenten am Unternehmen. Die Nutzer wollen immer wieder neue Informationen, sich im Unternehmen einbringen und von den eingebrachten Ideen profitieren. Wenn ein Unternehmen zwar ein Profil auf dieser Kontaktplattform hat, es aber nicht zur Kommunikation nutzt, bringt es dem Unternehmen keinen Nutzen. Jedes Unternehmen, das eine Seite auf Facebook hat, sollte diese nutzen, um eine Fangemeinde auf-

---

[87] Vgl. Krömer 2011, S. 4.

zubauen. Der Vertrieb neuer Produkte ist ein späteres Ziel.[88] Die Inhalte müssen immer auf die Zielgruppe und auf das Unternehmen angepasst sein. Dies ist wichtig, um eine positive Stimmung für das Unternehmen zu erzeugen. Dank einer direkten Kommunikation nach außen profitieren die Unternehmen ebenfalls, da sie über solche Plattformen sehr viel über ihre Kundschaft erfahren.

5.4.5 Schlechte Evaluation

Auf soziale Netzwerke kann derzeit nicht mehr verzichtet werden. Doch oftmals bleibt die Frage nach dem Return on Investment unbeantwortet. Wie die sozialen Netzwerke in den Marketing-Mix eines Unternehmens zu integrieren sind, ist den Betreibern der Facebook-Seiten oft auch nicht klar.[89] Die Facebook-Aktion „Wir wollen Guttenberg zurück" welche die Anhänger des Ex-Ministers Guttenberg ins Leben gerufen haben, nahm mit rasantem Tempo zu. Von Tag zu Tag bekam die Seite mehr Fans, bis hin zu fast 580.000 Kontakten. Doch als diese Guttenberg-Fanseite zu einer Demonstration aufrief, waren es deutschlandweit nur 5.000 Demonstranten, die tatsächlich aktiv wurden. Somit zeigt das Beispiel Guttenberg, dass viele Menschen den „gefällt mir"-Knopf sehr schnell drücken, wenn sie von einem Thema überzeugt sind. Inwieweit sie sich aber mit dem Thema beschäftigen und wie viel Energie sie in diese Sache investieren möchten, geht daraus allerdings nicht hervor.[90] Somit ist die Frage nach der Wirkung von Aktivitäten in sozialen Netzwerken derzeit hochaktuell. Es ist fraglich ob diese Aktivitäten überhaupt in Zahlen zu beziffern sind. Wäre dies möglich, bliebe weiterhin fraglich, ob man die Aktivitäten in sozialen Netzwerken eventuell mit dem Tausender-Kontakt-Preis des Fernsehens berechnen könnte. Auch das Beispiel der *Deutschen Bahn* zeigt, wie schwierig die Evaluation sozialer Netzwerke ist. Zum einen verkauft die Deutsche Bahn 140.000 Cheftickets über Facebook, zum anderen bietet sie mit ihrem Auftritt auf dieser Plattform aber auch eine extrem große Angriffsstelle für die Gegner von Stuttgart 21. Die Unternehmen gehen mit solch einer Situation sehr unterschiedlich um. Erste Erfahrungen haben wohl die meisten Unternehmen bereits gesammelt,

---

[88] Vgl. Holze 2011, o. S.
[89] Vgl. Müller, 2012, o. S.
[90] Vgl. Pfannenmüller, J., 2011, S. 52ff.

allerdings ist das Budget in diesem Bereich sehr gering angesetzt.[91] Dies lässt sich wiederum durch die schlechte Erfolgsmessung in diesem Bereich zu erklären. Um diesen Teufelskreis zu durchbrechen, müssen die Ziele der einzelnen Funktionsgebiete genau definiert und ein Gesamtkonzept entwickelt werden. Die PR-Abteilung legt den Fokus auf das Interesse der Leser. Für die Marketingabteilung, steht die Viralität der Aktion im Vordergrund. Die Vertriebsabteilung möchte die ökonomischen Aspekte vorantreiben. Alle Abteilungen müssen eine gemeinsame Strategie entwickeln. Das große Potential der neuen Kanäle liegt in der Kundenkommunikation. Der direkte Dialog mit den Kunden wird von den Unternehmen noch nicht genutzt. Dies belegt eine Studie von *A.T. Kearney*, welche die 50 stärksten Marken auf Facebook untersucht hat. Demnach bleiben bisher 89% der Kundeneinträge unbeantwortet.[92] Um die Qualität dieser direkten Kundenkommunikation messbar zu machen, ist die *Coca-Cola* Unternehmenskommunikation zusammen mit der PR Agentur *FischerAppelt* dabei, einen IRM-Index festzulegen. Dieser Influencer-Relations-Management-Index setzt sich aus dem Vernetzungsgrad innerhalb der sozialen Netzwerke, sowie einer Stimmungsanalyse zusammen. Wie hoch der Aufwand solcher Analysen sein wird und ob ein ausgewogenes Kosten-Nutzenverhältnis vorliegt, lässt sich derzeit noch nicht einschätzen.[93] Die Erfolgsmessung der sozialen Netzwerke ist deshalb so schwer, weil der Erfolg nicht an den Nutzerzahlen, sondern an deren Aktivität gemessen werden müsste. So können 5.000 aktive Nutzer, welche immer wieder die Seite eines Unternehmens aufrufen und Kommentare mit „gefällt mir" bewerten, viel bedeutender sein als 10.000 inaktive Nutzer. Generell sollten Unternehmen bei der Erfolgsmessung von sozialen Netzwerken immer darauf achten, dass sie interne Faktoren der sozialen Netzwerke wie z.B. die Anzahl der erhaltenen „gefällt mir"-Klicks mit den externen Faktoren wie z.B. Absatzmenge in Verbindung setzen.[94] Nur durch diese Verbindung kann ein Bezug zwischen den Aktivitäten in sozialen Netzwerken und dem Erfolg eines Unternehmens hergestellt werden. Auch die Facebook-Statistiken können bei der Evaluation helfen. Die Statistik Funktion bietet die Mög-

---

[91] Vgl. Pfannenmüller, J., 2011, S. 52ff.
[92] Vgl. A.T. Kearney AG, 2011, S. 1.
[93] Vgl. Pfannenmüller, J., 2011, S. 52ff.
[94] Vgl. Krömer 2011, S. 3f.

lichkeit, verschiedene Aktivitäten zu messen und sie zu vergleichen. Außerdem bietet sie den Vorteil, die Kunden nach Alter, Geschlecht usw. genau zu filtern. Sie gibt zusätzlich Aufschlüsse über die Interaktion. Unternehmen sollten diese Eigenschaft nutzen, um anhand der gewonnenen Ergebnisse zukünftige Aktivitäten besser steuern zu können. Auch kleine Details, wie beispielsweise die Tageszeit, können für Unternehmen von sehr großer Bedeutung sein. Durch Statistiken wurde belegt, dass der Mittwoch der aktivste Tag in sozialen Netzwerken ist. Hier ist die Kommunikation am höchsten und die meisten Nutzer werden aktiv. Auch die Tageszeiten wurden hinsichtlich der Nutzeraktivitäten untersucht. So sind in den Morgenstunden 40% mehr Nutzer online, als am Nachmittag.[95] Dies sind nur sehr geringe Erkenntnisse auf dem Weg der Evaluation von sozialen Netzwerken. Für Unternehmen können diese Erkenntnisse zur Vermarktung ihrer Produkte über die sozialen Netzwerke von sehr großer Bedeutung sein. Um große Marketingbudgets für den Bereich der sozialen Netzwerke freisetzen zu können, werden diese Statistiken allerdings nicht ausreichen. Daher muss weiterhin nach geeigneten Messinstrumenten für diesen Bereich gesucht werden.

---

[95] Vgl. ebd., S. 4.

6 Handlungsempfehlungen zur praktischen Anwendung

Unternehmen, die eine Präsenz auf Facebook haben, sollten unbedingt eine Strategie entwickeln. Diese Strategie sollte alle Ziele, die mit diesem Kanal erreicht werden sollen, genau definieren. Der Umfang und die Art der Kommunikation muss genau beschrieben sein.

6.1 Strategie

Anfangs sollte ein Unternehmen eine Community-Building-Strategie verfolgen. Diese Strategie beinhaltet im ersten Schritt, dass sich das Unternehmen eine Facebook-Seite zulegt. Die Frage, ob sich ein Unternehmen sich für ein Facebook-Profil oder eine Unternehmensseite entscheidet, sollte gar nicht erst aufkommen. Bei vielen kleineren Unternehmen kommt es, wie in 5.4.1 beschrieben, immer wieder vor, dass private Profile für Unternehmen angelegt werden und die daraus resultierenden Nachteile erst spät erkannt werden. Der zweite Schritt der Community-Building-Strategie sieht vor, dass alle Kunden über diese neue Aktivität informiert werden. Dies funktioniert am besten, wenn Facebook in alle weiteren Medien mit eingebunden wird. So sollte in Anzeigen, Newslettern, Visitenkarten, E-Mail Signaturen usw. auf die neue Facebook-Seite verwiesen werden. Wenn diese Strategie umgesetzt ist, kann begonnen werden, eine Promotion-Strategie zu entwickeln. Hierbei geht es darum neue Produkte, Veranstaltungen oder andere Neuigkeiten über Facebook bekannt zu machen. Es soll ein System entwickelt werden, was und wie kommuniziert wird. Zudem kann auch eine Werbeanzeigenstrategie entwickelt werden. Diese Strategie beinhaltet Ziele der allgemeinen Werbestrategie eines Unternehmens. Diese Ziele können beispielsweise die Bewerbung eines Events, eins Spezialangebots oder ähnlichem sein. Der Vorteil einer Werbeanzeigenstrategie auf Facebook besteht darin, dass nur sehr geringe Investitionen nötig sind. Erweist sich diese aber als erfolgreich, kann sie problemlos verlängert oder auch erweitert werden.[96]

---

[96] Vgl. Levy, J., 2012, S. 170ff.

6.2 Balanced Scorecard

Zur Messbarkeit der oben genannten Strategien ist es notwendig, dass Ziele festgelegt sind. Hierfür bietet sich die Balanced Scorecard als Controlling-Instrument an, da sie extra entwickelt wurde um weiche Faktoren bei der Erfolgskontrolle zu berücksichtigen.[97] Sie macht es möglich, Ziele zu operationalisieren. Außerdem bietet die Balanced Socecard die Chance, nicht monetäre Kennzahlen zu integrieren. Allerdings müssen Unternehmen darauf achten, dass sie nicht zu viele Ziele aufnehmen und die Balanced Socrecard somit überladen. Nachfolgend werden einige Ziele mit Hilfe dieser Controlling Funktion genauer dargestellt.[98]

	Ziel	Kennzahl	Vorgabe	Maßnahme
Finanzperspektive:	Umsatz steigern	Euro	5% mehr	Spezielle Angebote ausschließlich für Facebook-Kunden
Kundenperspektive:	Neukunden gewinnen	Anzahl der Fans	10 Kunden mehr als im Vormonat	Virale Effekte sozialer Netzwerke nutzen, indem interessante Bilder und Videos online gestellt werden
Prozessperspektive:	Innovations-analyse	Produkte	Ein neues Produkt pro Jahr	Facebook Nutzer können neue Produkte nach eigenen Wünschen kreieren
Lern- und Entwicklungs-perspektive:	Fachkundiges Personal im Bereich Digitale Medien	Kenntnisse der Mitarbeiter	Mitarbeiter müssen min. eine Fortbildung pro Jahr machen	Mitarbeiterschulungen anbieten

Tabelle 1: Balanced Scorecard[99]

Die Grafik zeigt, wie eine Balanced Scorecard aussehen könnte. In diesem dargestellten Beispiel werden die Finanz-, Kunden-, Prozess-, sowie die Lern- und Entwicklungsperspektiven genauer dargestellt. Die Finanzperspektive wird hier mit

---

[97] Vgl. Heyemann-Reder, D., 2011, S. 95.
[98] Vgl. Härtel, O., 2010, S. 30f.
[99] In Anlehnung an Fiege 2010, S. 1.

dem Ziel der Umsatzsteigerung belegt. Die Kennzahl wird in Euro dargestellt. Die Vorgabe macht das angegebene Ziel messbar, indem genau definiert wird, was erreicht werden soll. Die Maßnahme gibt an, mit welcher Aktion die Ziele sowie die Vorgabe erreicht werden kann.

7 Fazit

Tausende Nutzer können mittels Facebook über Produkte und Dienstleistungen kommunizieren. Schnell und vor allem ungefiltert berichten die Nutzer über ihre Erlebnisse. Gerade das macht die sozialen Netzwerke für Unternehmen so interessant. Keinem anderen Medium ist es möglich, die Interessen und Vorlieben jedes einzelnen Nutzers präziser zu erfassen. Somit kann die Werbung in sozialen Netzwerken ohne Streuverluste gezielt eingesetzt werden. Zudem ist es möglich, die Werbung individuell an den Nutzer anzupassen. Deswegen ist diese Werbung effektiver als die Werbung in den anderen Medien.

7.1 Zukunftsperspektiven

Die Entwicklung sozialer Netzwerke wird in den nächsten Jahren weiterhin eine steigende Tendenz aufweisen. Experten wie Herr S. berichten sogar, dass Facebook in Zukunft ein integraler Bestandteil des Internets werden wird.[100] Dies lässt sich dadurch zu erklären, dass die nachwachsenden Generationen gar nicht mehr ohne dieses Medium auskommen werden. Somit wird die Generation, welche die Kontaktplattformen nicht nutzt, nach und nach aussterben. Daher müssen sich Unternehmen dringend mit dieser Art der Kommunikation auseinandersetzen. Sie sollten Ziele definieren, und daraus Strategien entwickeln, wie sie sich innerhalb dieser sozialen Netzwerke präsentieren möchten. Diese Strategien sollten dann ins Marketingkonzept des Unternehmens einfließen, sodass eine stimmige Kommunikation nach außen erfolgt. Die Kunden sollen durch dieses Medium eine persönliche Beziehung zum Unternehmen aufbauen können. Nur wenn der Kunde das Unternehmen langfristig als hilfsbereit und offen wahrnimmt, kann ein Vertrauensverhältnis entstehen, aus welchem später eine Kundenbindung generiert werden kann. Wenn die Unternehmen diese neuen Möglichkeiten nutzen, haben sie die Chance, langfristig erfolgreich am Markt bestehen zu können. Durch die Veränderung des Mediennutzungsverhaltens, entsteht gleichzeitig ein viel größerer Wettbewerb.

Social Media Krisen wird es immer wieder geben, da sich Unternehmen nur sehr schwer vor solchen Angriffen schützen können. Durch eine gute Reputation und

---

[100] Experteninterview 2012.

eine hohe Transparenz nach außen verringert sich das Angriffspotenzial, da die Nutzer sich vom Unternehmen verstanden fühlen.

7.2 Lösungsvorschlag

Durch die Erkenntnisse dieser Arbeit ist abzuleiten, dass Unternehmen die Beiträge auf ihrer Pinnwand nicht mehr komplett kontrollieren können. Sie müssen neue Wege finden, die Dialoge zu beeinflussen und die Potenziale des viralen Marketings für sich zu nutzen. Eine Patentlösung die für alle Unternehmen gleichermaßen zutreffend ist, gibt es zurzeit nicht.[101] Ziel dieser Arbeit war es, herauszufinden, ob soziale Netzwerke eine Chance für Unternehmen darstellen können. Das Ergebnis zeigt deutlich, dass soziale Netzwerke generell für alle Unternehmen eine Chance darstellen. Sowohl große als auch kleine Unternehmen, können einen Mehrwert durch diese neuen Kanäle generieren. Dabei ist es aber wichtig, dass die Unternehmen die in dieser Arbeit aufgeführten Bedingungen beachten. Jedes Unternehmen sollte zuerst die Unternehmensziele festlegen und daraus eine Strategie entwickeln. Erst dann kann eine Unternehmensseite eingerichtet und nach außen kommuniziert werden. Bei der darauffolgenden Kommunikation mit den Nutzern sollte immer die Imagepflege im Vordergrund stehen. Die Bedürfnisse der Nutzer, sowie jegliche Kritik am Unternehmen müssen in jedem Fall ernstgenommen werden. Außerdem sollten die Unternehmen ihre Kommunikation auf der Kontaktplattform immer an die jeweilige Zielgruppe anpassen. Zur Erfolgskontrolle können die in Punkt sechs aufgezeigten Handlungsempfehlungen herangezogen werden.

---

[101] Vgl. Pfuler, G., 2011, S. 87.

8 Quellverzeichnis

Interviews

Experteninterview vom 27.02.2012

Literatur

A.T. Kearney AG (Hrsg.) (2011): Facebook als Einbahnstraße, Zürich.

Behrens, A. (2010): Social Media als Bestandteil des Online-Marketing –Mix, München.

BMW (Hrsg.) (2012): BMW Facebook-Seite, in: http://www.facebook.com/BMW, Zugriff am 05.03.2012.

Bolliger, J. a (2011a): Die vier größten Social Media Krisen – Dell, in: http://webcommunitymarketing.wordpress.com/2011/02/20/die-vier-grossten-social-media-disaster/, Zugriff am 04.02.2012.

Bolliger, J. b (2011b): Die vier größten Social Media Krisen – Dominos Pizza, in: http://webcommunitymarketing.wordpress.com/2011/03/06/die-vier-grossten-social-media-krisen-3-von-4-dominos-pizza/, Zugriff am 04.02.2012.

Bolliger, J. c (2011c): Die vier größten Social Media Krisen – KitKat, in: http://webcommunitymarketing.wordpress.com/2011/02/24/die-vier-grossten-social-media-disaster-2-von-4-kitkat/, Zugriff am 04.02.1012.

Bolliger, J. d (2011d): Die vier größten Social Media Krisen – Motrin, in: http://webcommunitymarketing.wordpress.com/2011/05/04/die-vier-grossten-social-media-krisen-4-von-4-motrin/, Zugriff am 05.02.2012.

Bruhn, M. (2011): Unternehmens- und Marketingkommunikation, 2., vollständig überarbeitete und erweiterte Auflage, München.

Dm-drogerie Markt Deutschland (Hrsg.) (2012): dm Facebook-Seite, in: http://de-de.facebook.com/dm.Deutschland, Zugriff am 05.03.2012.

Erhardt, U. (2011): Facebook - Entdecken. Austauschen. Vernetzen, Düsseldorf.

Fiege, R. (2010): Revealed: Social Media Balanced Scorecard (SMBC), in: http://rolandfiege.com/social-media-balanced-scorecard-smbc/, Zugriff am 14.03.2012.

Härtel, O. (2010): Risikomanagement mit Hilfe des Konzepts der Balanced Score-card am Beispiel von in den Emissionshandel eingebundenen Unternehmen, Saarbrücken.

Häusler, S. (2009): Soziale Netzwerke im Internet – Entwicklung, Formen und Potenziale zu kommerzieller Nutzung, Saarbrücken.

Hedemann, F. (2011): F-Commerce: Otto startet Facebook-Shop mit virtueller Anprobe, in: http://t3n.de/news/f-commerce-otto-startet-facebook-shop-virtueller-anprobe-349799/, Zugriff am 05.02.2012.

Hefner, E. (2009): Negative Mund-zu-Mund Propaganda, in: http://eva-hefner.suite101.de/negative-mund-zu-mund-propaganda-a52499, Zugriff am 12.03.2012.

Heinz, J. (2010): Forschungsdesign – Was muss bei Experteninterviews beachtet werden?, 1. Auflage, Norderstedt.

Hermann, S./Siems, V., (2008): Finanical Times Deutschland – Management der Unternehmensreputation, in: http://www.ftd.de/karriere-management/management/:image-arbeit-management-der-unternehmensreputation/339699.html, Zugriff am 11.02.2012.

Heymann-Reder, D. (2011): Social Media Marketing – Erfolgreiche Strategien für Sie und Ihr Unternehmen, München.

Hilker, C. (2010): Social Media für Unternehmen, Wien.

Hillenbrand, T., (2010): Unternehmen im sozialen Netz - Die Facebook-Falle, in: http://www.spiegel.de/netzwelt/web/0,1518,688975,00.html, Zugriff am 04.02.2012.

Holze, S., (2011): 3 Fehler die Unternehmen auf Facebook machen, in: http://www.likesmedia.de/2011/3-fehler-die-unternehmen-auf-facebook-machen/, Zugriff am 11.02.2012.

IFAA GmbH (Hrsg.) (2011): Unternehmenspräsentation 2011, Schwetzingen.

IFAA GmbH (Hrsg.) (2012): Ausbildungskatalog 2012, Schwetzingen.

Kilian, T./Langer, S. (2010): Online-Kommunikation – Kunden zielsicher verführen und beeinflussen, 1. Auflage, Wiesbaden.

Kollmann, T. (2007): Online-Marketing – Grundlagen der Absatzpolitik in der Net Economy, Stuttgart.

Kroeber-Riel, W./Weinberg, P./Gröppel-Klein, A. (2009): Konsumenten-verhalten, 9. Auflage, München.

Krömer, J. (2011): Do you like me - Chancen und Risiken eines Facebook-Engagements für Unternehmen, in: http://www.social-mediamagazin.de/index. php/heft-nr-02-2011/do-you-like-me-.html, Auflage 02-11, Zugriff am 29.01.2012.

Lembke, G. (2011): Social Media Marketing, 1. Auflage, Berlin.

Levy, J. (2012): Facebook Marketing – Gestalten Sie Ihre erfolgreichen Kampagnen, München.

Lidl (Hrsg.) (2012): Lidl Facebook-Seite, in: http://de-de.facebook.com/Lidl, Zugriff am 05.03.2012.

Lufthansa (Hrsg.) (2012): Lufthansa Facebook-Seite, in: http://www.facebook.com/lufthansa, Zugriff am 05.03.2012.

McDonald's Deutschland (Hrsg.) (2012): McDonald's Facebook-Seite, in: http://de-de.facebook.com/mcd, Zugriff am 05.03.2012.

Mörl, C./Groß, M., (2008): Soziale Netzwerke im Internet – Analyse der Monetarisierungsmöglichkeiten und Entwicklung eines integrierten Geschäfts-modells, Boizenburg.

Müller, C. (2012): Medienmix – Darum reichen Social Media nicht aus, in: http://karrierebibel.de/medienmix-darum-reichen-social-media-nicht-aus/, Zugriff am 12.03.2012.

Olbrich, R. (2006): Marketing – Eine Einführung in die marktorientierte Unternehmensführung, 2. Auflage, Heidelberg.

o.V. (2011): Unternehmen ohne Facebook – das ist „hinter dem Mond", in: http://www.e-commerce-magazin.de/ecm/news/unternehmen-ohne-facebook-%E2%80%93-das-ist-%E2%80%9Ahinter-dem-mond%E2%80%99, Zugriff am 07.03.2012.

Pantene Deutschland (Hrsg.) (2012): Pantene Facebook-Seite, in: http://de-de.facebook.com/PanteneDeutschland, Zugriff am 06.03.2012.

Pfannenmüller, J. (2011): Social Media sucht Erfolgsformel, in: Werben und Verkaufen, Auflage 11-2011, München.

Pufler, G. (2011): Strategien, Chancen und Risiken der Markenführung in sozialen Netzwerken – am Beispiel von Facebook, Albstadt-Sigmaringen.

Ritter Sport (Hrsg.) (2012): Ritter Sport Homepage, in: http://www.ritter-sport.de/blog/?p=1797, Zugriff am 16.01.2012.

Rolke, L. (2008): Internet übernimmt Führung im Wettbewerb der Medien – Tageszeitungen verlieren 30 Prozent ihrer Leser, in: http://idw-online.de/pages/de/news290752, Zugriff am 05.02.2012.

Schepers, K. (2011): Soziale Netzwerke als Stellenmarkt, in: http://www.handelsblatt.com/unternehmen/mittelstand/facebook-und-co-soziale-netzwerke-als-stellenmarkt/3896336.html, Zugriff am 05.03.2012.

Schmidt, H. (2011): Folgt auf den E-Commerce der Facebook-Commerce?, in: http://faz-community.faz.net/blogs/netzkonom/archive/2011/06/09/folgt-auf-den-e-commerce-der-f-commerce.aspx, Zugriff am 15.02.2012.

Schulz, J. (2011): 1.200 Seiten voller Personendaten, in: http://www.taz.de /!79069/, Zugriff am 12.03.2012.

Socialbakers a (Hrsg.) (2012a): Facebook Brands Statistics, in: http://www.social
bakers.com/facebook-pages/brands/germany/, Zugriff am 04.03.2012.

Socialbakers b (Hrsg.) (2012b): List of continents on Facebook, in:
http://www.socialbakers.com/countries/continents, Zugriff am 04.03.2012.

Socialbakers c (Hrsg.) (2012c): List of countries on Facebook, in:
http://www.socialbakers.com/facebook-statistics/?interval=last-week#chart-
intervals, Zugriff am 04.03.2012.

Socialbakers d (Hrsg.) (2012d): User age distribution on Facebook in Germany,
in: http://www.socialbakers.com/facebook-statistics/germany, Zugriff am
04.03.2012.

Spiegel online (Hrsg.) (2010): Der Fall Nestlé: Angriff aus dem Social Web, in:
http://www.spiegel.de/fotostrecke/fotostrecke-53876-7.html, Zugriff am 07.03.2012.

Statista a (Hrsg.) (2011a): Welche Ziele verfolgen Sie mit Ihren Social Media
Aktivitäten? Inwieweit haben Sie dieses Ziel bereits erreicht?, in:
http://de.statista.com/statistik/printstat/166663/, Zugriff am 15.02.2012.

Statista b (Hrsg.) (2011b): Prognose der Umsätze im Social Commerce weltweit
von 2011 bis 2015, in: http://de.statista.com/statistik/daten/studie/216230/umfrage
/prognose-zum-umsatz-im-social-commerce-weltweit/, Zugriff am 31.01.2012.

Statista c (Hrsg.) (2011c): Top 20 der sozialen Netzwerke in Deutschland, in:
http://de.statista.com/statistik/printstat/173771/, Zugriff am 31.01.2012.

Weinberg, T. (2010): Social Media Marketing – Strategien für Twitter, Facebook &
Co, Köln.

Weyer, J. (2011): Soziale Netzwerke: Konzepte und Methoden der sozialwissenschaftlichen Netzwerkforschung, 2., überarbeitete und aktualisierte Auflage, München.

Wiese, J. (2010): Anfängerfehler vermeiden: Kein privates Profil für Unternehmen, in: http://allfacebook.de/allgemeines/anfangerfehler-vermeiden-kein-privates-profil-fur-unternehmen, Zugriff am 15.02.2012.